서른여덟 형경씨의 인생 재개발

서른여덟 형경씨의 인생 재개발

류형경 에세이

LEMON
CULTURE

"문제들을 조금씩 해결해 나가며
삶을 버틸 수 있다."

_**프리다 칼로** (Frida Kahlo, 미술가)

차
례
○

프롤로그 소심한 완벽주의자의 연애질 8

결혼은 남의 일이 됐다 14

그를 운명이라 믿은 나 22

막장 연애 드라마 28

첫 번째 상담 : 저 좀 살려주세요, 선생님 40

후회하고 싶지 않아서 50

제가 이상한 사람인가요? 64

나에게 노후 걱정은 사치였다 80

내 인생이 불안한 이유 98

상대방 문제를 내 배에 태우지 말라 106

불행을 끌어당기고 있던 나 120

새로 태어나는 느낌 130

그래야 행복할 수 있다고 믿으니까 138

나는 괜찮았지만 괜찮지 않았다 148

할 수 있는 모든 걸 다했기에 158

여자 나이 30대는 정말 아름다운 나이 168

네 잘못이 아니다 174

울지 마라, 울 필요 없다 184

마지막 상담 : 제가 정말 잘 살 수 있을까요? 196

에필로그 내 인생은 무지갯빛으로 물들고 있다 204

프롤로그 ○

소심한 완벽주의자의
연애질

어린 시절 나는, 고집스러울 만큼 소심했다. 종종 교단 앞으로 불려나가 강제로 노래할 수밖에 없는 상황이 생겼는데, 그럴 때면 "노래 시작했다, 노래 끝났다"라고 짧게 웅얼거린 후 금방 자리로 돌아오곤 했다. 어떨 땐 아무리 친구들이 뒤통수에 대고 "괜찮아! 괜찮아!"라고 떼창을 외치며 박수를 쳐도 자리에서 꼼짝도 하지 않았다.

학기 내내 말 한마디 안 섞어본 친구들 앞에서 노래

를 부른다는 생각만으로 숨 막히는 공포가 몰려왔다. 돌이켜 보면 그깟 노래 한 곡, 어떻게 부르든 아무도 신경 쓰지 않았을 텐데. 그때는 주위 시선과 반응, 표정을 일일이 살피며 벌벌 떨었다. 왜 그렇게 다른 사람을 의식했는지 모르겠지만, 가수 뺨칠 정도로 잘한다는 소리 들을 게 아니라면 아예 시작조차 말아야 한다고 생각했다.

그렇게 어른이 되었다. 완벽을 좇는 소심함과 함께. 그러한 성격 탓에 연애할 때도 타인을 의식했고, 결혼으로 이어지지 않을 연애라면 실패라 여기며 아무에게도 말하지 않았다.

연애를 하면서 설레거나 불안한 마음에 얘기하고 싶어질 때면, 대학 시절 술자리에 오르내리던 타인들의 연애를 떠올렸다. 헤어진 후에 안줏거리로 씹히던 무수한 연애들. 내게 결혼으로 이어지지 않는 연애는 실패를 뜻하는 '주홍글씨'일 뿐이었다.

그래서 손에 꼽을 만한 친구 몇 명을 빼고는 사귀는 동안 "♪우리의 사랑은 말이야. 김중배의 빛나는 다이아로도 살 수가 없단 말이야♬"라며 떠든 적이 없었다. 그저 헤어진 후 찾아오는 감정의 후폭풍이 잦아들고서야 남 얘기하듯 툭 털어놓았다. 사실 나 누구 만났었는데 헤어졌노라고. 지금은 많이 괜찮아졌다고.

 그렇게 말하면서 얼마나 가슴을 쓸어내렸는지 모른다. 만약 우리 사랑이 영원할 것처럼 떠들었다면, 운명을 만난 것 같은 기쁨에 겨워 시시콜콜 주변에 떠들었다면… 헤어진 후에 얼마나 쪽팔렸을까. 나는 늘 언제라도 헤어질 수 있다 여기며 주위에 말을 아꼈다. 그렇게 내 모든 연애담은 오직 나만 아는 비밀 상자에 묻어두었다.

 그리고 그 후… 누구에게도 터놓지 못할 정도로 계속되리라 믿지 않는 연애라서였을까. 어떤 연애도 결혼으로 이어지지 못했다.

그러나 이번 연애는 달랐다. 처음으로 결혼까지 생각했기에 내 연애를 어떻게 하면 좋을지 타인에게 조언을 구했다. 그 타인은 다름 아닌 심리 상담 선생님이었다. 새로운 연애를 하며 반복되는 다툼과 화해에 지칠 무렵 도움을 요청했다. 진로를 바꾸겠다며 직장까지 그만두었던 때라, 내 삶 안팎에서 일어난 지진이 나를 흔들고 있었다.

결론부터 말하자면 그렇게 상담 치료를 받았음에도 우리는 끝내⋯ 헤어졌다. 이번에는 단순히 "연애 시작했다, 연애 끝났다"라고 웅얼대며 지나칠 수 없는 연애질의 기쁨과 슬픔이 온몸을 꿰뚫고 지나갔다.

아마도 결혼까지 생각한 사람과의 관계를 이어나가야 할지, 말아야 할지 절박한 마음으로 시작한 심리 상담의 효과가 컸으리라. 처음으로 나는 연애를 하고 나서 성장했다고 느꼈다.

사랑하는 사람과 갈등이 생긴 후 이별하기까지 심리

상담을 받으며 내 민낯을 마주했다. 내가 그에게 무엇을 바라고 어떤 모습을 찾았는지, 왜 늘 헤어지자고 말하면서도 끝내지 못했는지 나도 몰랐던 내 마음을 비로소 깨달았다. 그 덕분에 내가 어떤 사람인지, 어떤 부분이 약하고 괜찮은지 알았다.

연애의 끝이 결혼으로 이어지지 못했어도 실패가 아님을 이제야 안다. 자.아.성.찰. 연애를 끝내고 나서야 그 거창한 단어가 무슨 뜻인지 마음에 와닿았다. 관계는 끝났지만 나는 분명 성장했다. 마침내 끝이 난 연애라 해도 나 스스로 삶과 관계의 주체가 될 수 있다는 용기를 얻었으니, 내 연애는 실패가 아니라 성공이다.

행복한 결혼 생활을 꿈꾸면서도 서로에게 생채기를 냈고, 함께 상담 치료를 받으며 해결해보려 했기에 헤어짐이 더욱 아팠던 마지막 연애. 사랑하지만 계속해야 할지, 또 헤어지고 나면 영영 홀로 남는 것은 아닐지 두려움에 고민하는 이들에게 내 이야기가 위로가 되고, 용기를 주었으면 좋겠다.

　지난 연애를 되돌아보며 나를 깨달았듯이, 여러분도 연애 한가운데 있던 자신을 돌아보고 보듬는다면 이별은 연애의 끝이 아니라 새로운 시작이 되리라 믿는다. 부디 나와 여러분이 다음에 할 연애질은 함께해서 슬픔이 반이 되고 기쁨은 배가 되는 만남이길.

류형경

○
결혼은 남의 일이 됐다

고백하자면 내 연애는 늘 결핍에서 시작되었다. 지적 결핍이 심할 때는 나보다 학벌 좋은 남자를 만나며 일종의 지적 허영을 누렸고, 일본문화에 관심이 많을 때는 유년 시절을 일본에서 보낸 남자와 인연이 닿았다.

연애 문제에서만큼은 마치 전 세계 베스트셀러 도서 《시크릿》에 나오는 '끌어당김의 법칙'이 통하는 것 같았다. 내가 무언가 이루어진다고 강렬하게 믿고 생각하면 우주가 반응하여 반드시 이루어진다는 법칙처럼 내 삶에는 결핍된 욕구를 채워줄 남자가 때맞춰 등장했다.

대학 시절 한창 일본문화에 심취해 일본 드라마를 끼고 살던 때도 마찬가지였다. 일본어를 공부해보고 싶은데, 학원 말고 좀 더 빠른 방법이 없을까 고민할 무렵이었다. 당시 대학생이라면 누구나 알 만한 싸이월드로

쪽지 한 통이 날아왔다.

'너, XX초, 4학년 5반 류형경 맞지? 사진첩 보니까 물어볼 것도 없이 류형경 맞네. 넌 왜 하나도 안 변했어? 반갑다, 친구야.'

아주 가끔씩 궁금하곤 했던 소년 L이 보낸 메시지였다. 유치원 때 함께 재롱잔치 MC를 봤던 내 단짝. 그 아이는 주재원인 아빠를 따라 일본으로 떠났었다. 그러다 다시 만난 건 그 친구가 초등학교 4학년 때 같은 반으로 다시 전학 왔을 때였다. 우연히 내가 다니던 바로 그 학교에서 같은 반으로 또 만나다니. 어린 마음에도 좀 신기하다 싶었던 기억이 난다.

그 아이와 나 사이에 있던 인연은 졸업 후 그 아이가 일본으로 돌아가면서 그게 다인 줄 알았다. 그런데 대학교 졸업반이 될 무렵 다시 연락이 닿은 것이다. 당연한 수순인 것처럼 우리는 곧 연인으로 발전했다. L이 도

외준 덕분에 일본어를 히라가나부터 하나씩 쉽게 익혔고, 그의 일본 학교 친구들과 함께 어울리면서 일본문화를 속속들이 익혔다. 시간이 흘러 L은 영국으로 어학연수를 떠났고, 그 사이 나는 취업을 했다. 서로 다른 목표를 좇는 동안 이별은 나도 모르게 가까이 와 있었다.

L은 영국에서 외로움을 이기지 못하고 다른 일본 여자를 만났다고 했다. 나는 잠시 울고불고하며 난리를 피웠으나 이내 어차피 결혼까지 갈 인연은 아니었다고 마음을 고쳐먹었다. 그렇게 상실의 시간은 잊혀져갔다.

한참 뒤 L과 보냈던 시간을 떠올려보았다. 생각해 보니 내가 정말 그를 좋아하긴 한 건지, 아니면 그가 일본 문화에 정통하다는 이유로 이끌려 사귄 건지 스스로도 답을 내릴 수 없었다. 그저 L과 만난 덕분에 익힌 일본어를 일본 여행지에서 써먹으면서 '남자는 떠났지만 언어는 남았다'며 지난 사랑의 가치를 재평가할 뿐이었다.

그 후에도 남자들을 만날 때면 이런 저런 사귈 만한 이유를 먼저 찾았다. 우연찮게도 주위에는 늘 '사귈 이유가 충분한' 남자들이 있었다. 이런 나의 연애관이 그릇된 방향일 수도 있다는 생각이 든 건 30대 초반 즈음 타국에서 일할 때였다.

한국이 싫어서 회사를 그만두고 아일랜드로 떠났다가, 놀러간 그곳에서 운 좋게 취업해 일하던 중이었다. 처음에는 더블린이라는 도시가 너무 좋았다. 늘 바쁘고 팍팍했던 서울과 달리 그곳에서는 시간이 느리게 흘렀다. 그러나 시민권을 얻어 눌러 앉아볼까 고민하던 것도 잠시, 일하는 외국인으로서 묘한 텃세를 감당하며 살 수 있을까 하는 걱정도 생겼다.

때마침 한인 성당에서 이민 1.5세대인 아일랜드 교포를 알게 됐다. 교포와 하는 연애는 내가 낯선 타지에서 1년 넘게 현지인처럼 지내기 위한 '필요조건'이었다.

필요는 연인 관계에 '애정'이라는 에너지를 쉽게 공급해냈다. 병원 갈 때, 월급을 받으며 소득세를 따져 볼 때, 아이리쉬 운전면허를 딸 때, 비자를 연장할 때 내 애인은 훌륭한 길잡이가 되어주었다.

그러나 결핍이 채워지자 관계를 더 지속하기가 힘들었다. 다행인지 불행인지 사랑하지 않았기에 마음 정리도 어렵지 않았다.

그런 식으로 내가 만난 연인들은 모두 내게 미련을 크게 두지 않았다. 필요한 것을 채우고 난 뒤엔 서로 아쉬울 것이 없는 관계였기에, 빠르고 쉽게 서로 상처받지 않도록 배려하면서 끝내면 그뿐이었다.

몇 번쯤 그렇게 연애하면서 나는 사랑불능자가 되어버렸다. 사랑을 하는 가슴은 없고 연애하는 뇌만 비정상으로 커진 것 같았다. 사람 자체에 매력을 느끼기 어려웠다. 사람에게 호감을 느끼려면 여러 조건이 따라 붙었다. 남들은 첫눈에 반하기도 한다는데, 나한테는 어림없는 일이었다.

내가 상대의 조건을 따지는 동안 상대도 같은 마음으로 나를 두고 쟀으리라. 끼리끼리 논다는 말, 뭐 눈에는 뭐만 보인다는 말은 나를 두고 한 말이었다. 내가 상대를 두고 이리저리 재며 이용하는 마음인데 나에게 진심인 상대가 짠 하고 나타날 리 없다.

이쯤 나 자신이 처한 상황을 깨닫고 나니 결혼은 남의 일이 됐다. 툭 하면 결혼하라는 잔소리에 진절머리가 났었는데, 어느덧 부모님은 내 결혼을 보채지도 않았다.

그러던 차에 회사 동료에게 소개팅을 받았다. 남편 직장 후배라며 만나보라던 남자였다. 그가 마음에 들지 않았던 나는 '어디서 저런 외모에 저런 조건을 가진 남자를 나한테 들이밀 수가 있냐'며 분개에 차 친구에게 떠들어댔다. 그랬더니 친구가 쓴소리를 했다.

"야, 주선자 입장에서는 둘이 똑같아 보이니까, 어느 한쪽이 기울지 않아 보이니까 소개해준 거야. 상대한테 폭탄이라고 욕하지 마. 네 얼굴에 침 뱉는 거니까."

 인정하기 싫지만 맞는 말이었다. 이후부터 나는 소개팅 따위는 더 하지 않겠다고 마음먹었다. 상대를 보고 실망하자니 상대라는 거울에 비추어 내 값어치를 저울질당하는 것 같아서 싫었다. 이왕 이렇게 된 거, 내가 소개팅을 거부하는 모양새를 취해서 자존심을 세우기로 했다.

 그러다 보니 어느덧 30대 중반이 훌쩍 지나갔다. 주위에서는 나를 보며 비혼족이라 부르고 있었다.

 아닌데? 난 자발적으로 결혼을 안 하는 게 아닌데? 나 결혼 꼭 하고 싶은데. 이러다가 정말 못하려나?

 연애, 웬만한 암산보다 쉽다고 생각했는데 제 꾀에 제가 빠져 나가떨어진 것이다.

○

그를 운명이라 믿은 나

내가 원하는 조건을 갖춘 남자는 나를 결혼 상대로 생각하지 않는다고 생각하니, 결혼 상대를 찾는 일에 점점 매달리지 않게 되었다. 그런데 결혼하겠다는 마음을 비울 무렵, 내 마음을 바꿀 새로운 사람을 만났다. 회사를 다닐 때 알게 된 사람이었다.

그는 나와 전혀 다른 성향이었다. 나는 할 말이 있으면 위에 밉보여도 해야 하는 성격이다. 반면 그는 다툼을 피할 수 있다면 그가 좀 더 손해를 보더라도 상관없는 듯 보였다. 그와 식사를 몇 번 함께하며 일 얘기로 시작해서 사생활 얘기로 넘어갔다. 대화를 할수록 나와는 달랐다.

나는 오래전부터 새로운 일을 추진할 때면 부정적인 생각에 사로잡혀 안 좋은 결과를 먼저 상상하는 버릇이 있었다. 반면 그는 무엇을 하든 무조건 좋은 면을 본다고 했다. '잘 되겠지'라는 생각이 몸에 뱄다는 말에 무한한 경외감마저 들었다. 무엇보다도 따박따박 통장에 꽂히는 월급 외엔 직장의 가치를 1도 못 느끼는 나와, 현재 하고 싶은 일을 하면서 살기에 행복하다는 그가 비교되어 입이 쩍 벌어졌다. 자기 일을 사랑하는 남자, 회사 생활 10년 차인데도 여전히 두근거리는 일을 한다는 사람, 자기계발서에 나올 법한 사람이 바로 내 눈앞에 있었다.

나와는 다르게 매사 긍정의 힘과 선(善)으로 무장해 세상을 사는 그가 좋았다. 나처럼 배배 꼬이지 않은 그에게 존경심까지 들었다.

나는 그렇게 두 눈 가득 하트를 담아 그를 바라보았고, 어느 순간 그도 나를 같은 눈으로 바라보고 있다는 걸 알았다. 사랑에 빠져 그를 '운명'이라 믿은 나는, 그저 같이 손잡는 것만으로도 좋았다. 어디를 가든, 어디를 가지 않든 나는 그와 행복했다.

"다툼? 난 다투는 거 싫어. 사람들 왜 싸우고 사는지 모르겠어. 그냥 조금만 양보하면 될 것을."

"좋게 긍정적으로 좋은 것만 생각하면서 사는 게 내 목표야."

"난 주위에 성공한 사람들 하나도 안 부러워. 남을 뭣 하러 부러워 해. 나도 열심히 하면 되지 뭐."

그러나 내가 높이 샀던, 그의 영롱했던 마음의 색깔은 금방 빛을 잃었다. 그가 늘 주장하는 긍정적인 가치관과 남이 잘되기를 바라는 마음은 알고 보니 진심이 아니었다.

싸우는 거 싫다고 했던 사람이 운전대만 잡으면 난폭 운전을 하기 일쑤였고, 긍정적인 삶을 추구한다기에 '어떻게' 해야 긍정적으로 살 수 있을지 물었더니 피곤하다며 입을 다물었다. 남을 질투하지 않는다던 그는 술만 마시면 잘난 친구들을 향해 욕을 했다. 돈 많은 새끼들 필요 없다나….

과거는 현재에 의해 재편집된다. 만약 그와 나의 연애가 현재진행형이었다면 지금과는 다르게 연애질의 찬란한 기쁨만을 추억하며 슬픔은 자꾸 저 아래로 묻고 덮으려고 했을 것이다.

'본성은 착한데 주사가 좀 있다', '회피하기도 하지만 원래 긍정적인 스타일이다'라고 그 남자를 옹호하며 다녔겠지. 이왕 끝까지 가보려 마음먹은 김에, 그가 얼마나 괜찮은 사람인지 억지 믿음이라도 가졌을 것이다. 그러나 그렇게 스스로를 속이면서까지 남자와 계속 함께하기에는 그가, 우리가, 서로의 바닥을 너무 많이 드러냈다.

결과는 새드엔딩. 나의 이별은 쿨하지 못했다. 슬프게도 좋았던 장면은 빛이 바랬고 상처받았던 날 그가 입었던 옷은 물론 날씨마저 각인되어 오랫동안 나를 괴롭혔다.

그러나 결과에 상관없이 변하지 않은 게 하나 있다. 내가 사랑에 빠진 이유다. 그와 사랑하고 싸우고 헤어지면서 많은 기억들이 과장되고 왜곡될 수도 있을 것이다. 하지만 그를 사랑한 이유 하나만큼은 변하지 않고 또렷하게 남았다.

그건 나와는 달라도 너무 달랐던, 그의 타고난 기질 때문이었다. 하나부터 열까지 식습관부터 사고 회로까지 너무 달라서 그를 좋아했다. 내가 죽기보다 싫어하는 내 단점을 그에게서는 찾을 수 없었다.

하지만 결국 그 '다름'을 원인으로 우리는 서로 손사래를 치며 갈라섰다. 그의 착함이 멍청함으로 인식되고, 그가 말하는 긍정의 힘이 회피의 다른 이름이라는 걸 깨달았을 때 나는 좌절했다. 그와 사랑에 빠진 이유와 꼭 같은 까닭으로 나는 그와 헤어질 수밖에 없었다.

○
막장 연애 드라마

세상의 모든 이야기는 기승전결을 품고 있다. 연애라는 러브 스토리도 마찬가지다. 시작할 때 느꼈던 설렘을 지나 미운 정과 고운 정을 함께 겪은 커플은 결국 선택의 기로에 놓인다. 서로가 운명임을 확인하며 결혼에 골인하거나, 결혼으로 이어지지 않았음을 축복으로 알고 헤어진다. 아직 미혼인 나는 지금까지 후자일 수밖에 없었다. 상대를 두고 고(Go)냐 스톱(Stop)이냐 열심히 가상 결혼을 머릿속으로 그려보았다. 헤어지는 게 답이라는 결론이 내려지면 오히려 마음에 평온이 찾아왔다. '미안해. 나보다 더 좋은 사람 만나'라며 상대에게 담백하고 메마른 이별을 통보했다. 그러나 이번 연애는 달랐다. 그동안 쿨내 폴폴 나던 이별을 비웃기라도 하듯 막장 연애 드라마가 펼쳐졌다. 그것도 여태껏 문제없이 잘 살다가 30대 중반이 넘어서 고작 연애 따위로 내 삶이 요동칠 줄은 몰랐다.

아침에 사랑을 속삭이고 저녁에 집으로 돌아오면서 이별을 결심했다. 두 시간 전에 카톡으로 우리 사랑 영원하자고 외쳤다가도 몇 분 후 주말 계획을 세우는 전화 한 통을 시작으로 이별 이야기를 꺼냈다. 더 환장하겠는 건, 헤어지잔 말을 내뱉으면서도 오래도록 헤어지지 않았다는 사실이다.

의견 대립의 끝은 항상 말다툼이었다. 헤어지는 것 외엔 답이 없다는 걸 알면서도 '아닐 거야. 우리는 극복할 거야' 다짐하고 생각을 고쳐먹었다. 며칠간 관계가 괜찮으면 '거 봐, 우리는 헤어질 수 없어'라고 스스로 위로하며 부정적인 생각을 억눌렀다. 실제로 다툼이 없을 때는 너무 행복했다. 다툼만 없다면 몇 가지 단점쯤이야 수백 가지 장점으로 덮을 수도 있었다. 손에 꼽을 만한 몇 가지 단점쯤이야 고칠 수 있다고 믿었다. 그러나 싸우기 시작하면 대화와 타협을 할 겨를도 없이 비난과 원망을 쏟아냈다. 곱고 우아하고 상식적인 말다툼이 불가능했다. 고성과 억지, 비난과 원망이 오고 갔다. 분노를 조절하고 상대방을 존중하는 태도는 가까운 사이일수록 지켜야 한다는 인간관계의 기본 예의를 연애하며 새로 깨닫는 중이었다.

어느 주말 오후, 집에서 고기를 구워 먹고 디저트를 먹으며 한가로운 주말의 끝을 만끽할 때였다. 나는 '우리의 미래'를 구체적으로 어떻게 설계할지 얘기를 꺼냈다. 미래를 얘기하는데 "야, X발 지긋지긋하다. 헤어지자"라는 말을 듣게 되리라곤 예상하지 못했다.

"오빠, 나랑 결혼할 거야?"
"당연히 해야지. 뭘 당연한 걸 물어. 너랑 나는 운명이야. 가을에는 자기 부모님도 찾아 봬야지."

워낙 사귀는 동안 결혼 얘기를 자주 했던 터라 정말 결혼 여부가 궁금해서 물어본 건 아니었다. 왜냐면 결혼은 우리 둘 사이 암묵적으로 이미 결정된 사안이었기 때문이었다.

남자의 확신에 찬 눈빛, 내가 남자의 운명임을 전혀 의심하지 않는 표정에 나는 히죽 웃으며 펜과 종이를 꺼내들었다. 우리 연애가 기승전 결혼이라면 이제 경제 계획을 세워야 했다. 나는 회사를 다니다가 작가 지망생이라는 신분으로 변했기 때문에 그동안 모아놓은 알량한 자산은 있었지만 일정한 수입이 없는 상태였다. 반면에 그는 20대 후반부터 경제 활동을 시작해, 단 하루도 백수가 되어본 적 없는 성실한 직장인이었다. 그러나 가족 부양, 주식 실패, 부동산 실패 등으로 여태껏 빚에 허덕이고 있었다.

나는 장밋빛 미래를 약속한 그와 함께 수입과 지출,

자산과 빚을 어떻게 해야 할지 건설적인 이야기를 하고 싶었다. 나는 그에게 결혼 후 함께 살 집은 매매든 전세든 상관없다고 형편이 되는 대로 구하자고 했다. 내 적금을 보태고, 모자란 돈은 그가 대출을 받는 게 좋겠다고 제안했다. 자꾸 새 차에 눈독 들이는 그를 설득했다. 출퇴근은 대중교통을 이용하면 되니 자리가 잡히기 전까지 내 경차 스파크를 함께 타면 어떻겠냐고 했다. 그는 말없이 고개를 끄덕였다.

속으로는 '나랑 살 집도 없으면서⋯ 그동안 그렇게 외제차, 외제차 부르짖었던 거니'라고 생각했지만 입 밖으로 꺼내진 않았다. 정말 그와 다투고 싶지 않았다. 나 역시 그와 수없이 싸웠던 경험을 토대로 대책 없는 비판은 관계를 파국으로 만든다는 걸 너무나도 잘 알고 있었다.

미안함과 고마움, 안심과 자괴감 등 다양한 감정이 그의 얼굴에 나타났다가 사라졌다. 나는 가능한 목소리 톤을 밝게 꾸몄다. 가난한 남자에게 돈 얘기를 심각하게 해봤자 자괴감만 더 안길 수 있다는 나름의 배려였다.

처음으로 그에게 월세와 부모님 용돈, 은행 이자 등을 제외하고 자기가 쓸 수 있는 돈이 얼마인지 물었다. 월 200만 원을 조금 웃도는 돈이었다. 결국 그의 진짜 수입은 중소기업을 다니는 신입사원과 다르지 않았다. 생각보다 적은 돈이었지만 어쩔 수 없었다. 그가 내게 그의 가난을 속인 적은 없었으니까. 그의 말대로 그는 열심히 살아왔고, 가난이 죄는 아니며 돈이야 벌면 되는 거니까. 내가 기꺼이 그 가난이라는 짐을 함께 질 생각이 없었다면 애초에 그와 관계를 시작하지 않았을 것이다. 나는 종이에다가 '경제적 자유를 위하여'라고 거창하게 적고 그를 쳐다보았다.

"자, 그러면 우리가 월 200만 원으로 빠듯하게 살아야 하니까 불필요한 소비를 좀 줄여보자. 계속 필요할 때마다 카뱅(카카오뱅크)에서 돈 끌어다 쓰고 또 월급 들어오면 갚고… 악순

환을 반복할 순 없잖아. 아낄 건 아끼고 결혼 후에 본격적으로 돈을 모으고 불려야지. 내가 모르는 줄 알았지? 마이너스 통장 만들어서 쓰는 거 다 알고 있었어. 이제 더는 그렇게 살 수 없지. 지난달 카드 내역서 좀 가져와볼래?"

 참외를 먹던 그의 표정이 조금씩 굳어가고 있다는 걸 알았지만 못 본 척했다. 어쩔 수 없다. 돈 얘기를 안 할 수는 없었다. 그가 감당해야 할 적나라한 가계다. 나는 갖다 준 카드내역서를 뚫어지게 쳐다보았다. 매달 낭비가 심했다. 수입만큼, 아니 수입 이상 지출하는 달도 꽤 있었다. 말 그대로 만약 당장 회사에서 잘리기라도 한다면 그는 문자 그대로 파산이었다.

"아, 왜 오빠가 그렇게 열심히 일하고도 매달 카드 빚에 허덕이는지 알겠다. 새는 돈이 꽤 있네. 이러니 밑 빠진 독에 물 붓기지. 계속 이렇게 살면 안 돼. 지금까지는 몰라도 내가 안 이상 안 돼."

난 지난 몇 달 동안 그가 매달 7만 원에서 10만 원 사이로 모바일 게임 아이템을 결제해온 걸 지적했다. 1+1 할인한다고 사놓고 포장도 뜯지 않은 티셔츠와 불필요한 외식 항목에 빨간 펜으로 동그라미를 쳤다. 외식은 줄이고 앞으로는 집에서 요리를 해보는 게 좋을 것 같다고 말했다. 백종원의 레시피는 따라 하기도 쉬우니 한번 도전하라는 말이 끝나기 무섭게 그가 포크를 던지듯 내려놓으며 화를 쏟아냈다.

"야! 내가 하루 종일 밖에서 개처럼 돈 버는데 게임 아이템도 하나 못 사냐? 내가 티도 하나 못 사냐고. 응? 내가 치킨도 못 시켜 먹어? 그러는 너는 왜 돈 안 버는데? 작가 된다고? 작가 언제 될 건데? 그럼 작가 될 때까지 나보고 너를 뒷바라지하라는 말 아냐!"

별안간 그의 말투와 태도가 돌변하고, 설마 했던 대화가 역시나 파국으로 흘러가자 머리가 하얘졌다. 내가 지금 무슨 얘기를 듣고 있는 거지? 나의 목소리가 파르르 떨렸다.

"아니, 내가 지금 아껴보자고 하는 거잖아. 누군가에게는 그깟 게임머니일 수도 있고, 2만 원짜리 티 한 장쯤 입다가 버리는 거야 껌값일 수도 있지. 다 상대적인 거 아냐? 지금 오빠 형편에 게임 아이템 구입으로 월 10만 원이나 쓴다는 게 말이 돼? 오빠 부모님 용돈을 줄일 수 없으면 본인이 소비하는 것 중에 아낄 수 있는 거 아끼자는 말이 뭐 그렇게 잘못됐어?"

내 말에 그가 아무런 대꾸도 하지 않았다. 하지만 나는 거기서 멈출 수 없었다. 언제는 작가가 되고 싶다는 내 말에 뜬금없이 '자기는 대박날 수 있어'라며 내 글을 읽어보지도 않고 덮어둔 채 칭찬부터 할 땐 언제고 바라지도 않는 뒷바라지 운운이라니…. 말꼬리를 잡고 물어지는 그가 한심하고, 그런 그를 상대하며 시비를 가리는 나는 더 한심했다. 아무 말이나 기분대로 내뱉어놓고 내가 쏘아붙이면 더 말 못하고 회피하는 그를 지적하고 비아냥거렸다. 그래야 속이라도 시원해질 것만 같았으니까.

"게다가 대화 방향이 왜 그래? 나랑 의견이 다르면 차분히 조율을 해야지. '내가 돈 버는데 치킨도 못 먹냐'는 식으로 나오면 할 말이 없지. 그럼 계속 그렇게 혼자 욕망에 충실하게 살아. 집 없어도 차는 있어야겠다며. 좋은 차 타고 싶다며? 내 경차 비웃지 말고 카드 할부로 외제차라도 지르지 그래? 네 멋대로 살아. 나도 더는 할 말이 없는 것 같아."

그 후 서로 무슨 말을 주고받았는지 제대로 기억나지 않는다. 그의 입에서 나오는 모든 말에 상처를 받았고

나 역시 가시 돋친 말을 쏟아냈다. 그동안 했던 싸움과는 달랐다. 사랑에 돈 문제가 얽히니 치졸하고 치사한 말이 오고 갔다.

시간이 흘러 그가 사과하고, 나는 용서를 했지만 앙금이 가시질 않았다. 해결된 건 아무것도 없었다. 이런 식으로 싸움과 화해가 반복되자 이젠 분노의 칼날이 나를 향했다. 내가 받은 상처만큼, 아니 그 이상으로 상처를 주니 당장은 속이 시원했으나 후회가 한 짐이었다. 이렇게 남에게 모진 말을 하고, 나 또한 자존감에 상처 입히는 말을 들으며 나는 지금 여기서 무얼 하고 있는지 알 수 없었다. 이대로 계속 갈 수도, 나의 의지대로 쉽게 헤어질 수도 없는 내 자신에게 무력감을 느꼈다.

그 순간 처음으로 상담 치료를 떠올렸다. 할 수만 있다면 적극적으로 전문가에게 도움을 요청하고 불행에서 벗어나야겠다고 생각했다.

나는…. 나를 망치고 싶지 않았다.

○

첫 번째 상담 :

저 좀 살려주세요, 선생님

내가 찾은 상담 센터는 예전에 수강했던 드라마 작가 수업 강사님이 추천해준 곳이었다. 강사님은 드라마 캐릭터를 잡는 데 어려움을 느끼거나, 개인적으로 힘든 일이 있는 사람에게 상담 치료를 추천한다고 했다. 본인은 심리 상담으로 도움을 많이 받았다며, 아마 마흔 살 이전에 받았으면 인생이 바뀌었을 것 같다는 말이 오래도록 가슴에 남았다. 설마 내가 그곳을 찾게 될 줄은 몰랐는데, 하루 울고 하루 웃는 날이 계속 되자 가장 먼저 생각난 게 바로 강사님이 추천해준 심리 상담 센터였다.

어렵게 예약을 잡고 30분 먼저 도착한 첫날, 나는 상담실 문밖에서 서성이며 지금이라도 돌아가야 하는 게 아닌지 망설였다. 수입이 없는 작가 지망생에게 한 시간 상담비 10만 원은 다른 많은 것을 포기해야 하는 돈이었기 때문이다.

그때 상담실 문이 열리고 나도 모르게 빨려가듯 들어가서 의자에 앉았다. 푸근한 인상을 주는 선생님 때문이었을까 아니면 그동안 참아왔던 울분이 터져 나온 것일까. 나는 선생님이 "잘 오셨습니다"라는 인사말을 끝내자마자 울음을 터뜨리고 말았다. 손에 꼭 쥐고 있던 가방을 쿠션처럼 부둥켜안고서.

선생님은 아무 말 없이 앞에 놓인 휴지를 내게 밀어주었다. 그렇게 꺼이꺼이 딸꾹질까지 해가며 눈물 콧물을 다 쏟은 지 10분쯤 흘렀을까. 치사하게도 본전 생각이 났다. 나는 마냥 울고만 있을 수는 없었다.

"선생님, 제가 이상한 놈을 만난 것 같아요. 제가 사귀는 남자가 있는데요, 처음에는 정말 그렇게 따뜻한 사람이었는데 너무 변했어요. 저한테 상처가 되는 말을 아무렇게나 내뱉어요. 진짜 헤어져야 하는 건지 수십 번도 더 생각했는데… 마지막으로 상담 치료라도 받아보려고요. 그래서… 왔어요."

나는 딸꾹질을 해가며 생각나는 대로 아무 말이나 쏟아냈다. 최근에 싸운 얘기를 하면서 남자친구를 두고 소시오패스 같다고 욕했다. 그의 표현력과 커뮤니케이션 능력 문제도 꼬집었다.

"네. 그렇군요. 그런데 여전히 남자친구에게 애정이 있으신가요?"

단순한 질문에 다시 눈물이 왈칵 쏟아졌다.

"그게…. 본성은 착한 사람이거든요. 원래 걔가 그런 애가 아닌데, 되게 착하고 제 말도 잘 들어주는 사람이에요. 그런데 화가 나거나 차분히 앉아서 문제를 해결해야 할 때 극도로 흥분하고 아무 말이나 내뱉어요."

아, 내 귀에 들리던 내 목소리. 그 뻔한 대답에 스스로 실망했다. 소시오패스에 분노 조절 장애가 있는 것 같다고 침까지 튀어가며 선생님을 설득해놓고 다시 그의 본성이 착하다며 두둔하다니.

얼굴이 화끈거렸다. 어디서 많이 듣던 얘기다 싶었는데 TV 연애 상담 프로그램에 나오던 한심한 여자가 바로 '나'였던 것이다. 나는 그동안 치명적인 이유가 있음에도 남자를 사랑한다며 떠나지 못하는 여자를 동정은커녕 멍청하다고 비난하는 쪽이었다. TV에서 연애 예능의 원조 〈마녀사냥〉을 볼 때도, 가장 최근에는 연애 상담 예능인 〈연애의 참견〉의 사연을 보면서도 거품을 물었다. '저런 놈을 왜 만나? 아니 헤어지면 되지, 왜 사연을 보내? 세상은 넓고 만날 놈은 너무나 많은데 저런 못난 놈을 만나다니.' 나는 사연의 주인공을 향해 고개를 절레절레 흔들곤 했다.

그런데 지금 내 행동이 딱 사연 속 여주인공과 다를 바 없었다. 성격 안 맞고, 대화 안 통하고, 아무 말이나 내뱉고, 말로만 긍정적인, 무엇보다 마마보이인 그와 헤어지질 못해서 이 자리에 있는 내가 한심했다. 슬픔보다 창피와 자괴감이 더 커질 때쯤 눈물이 멈췄다.

"제가 말하고도 제가 너무 멍청하네요. 결혼한 사이도 아닌데, 그냥 헤어지면 될 걸…. 하지만 이렇게 놓기엔 너무 아쉬워서 그래요. 선생님은 전문가잖아요. 저 좀 살려주세요. 제가 문제인지 그 사람이 문제인지, 계속해서 관계 때문에 이렇게 불안 속에서 살고 싶지 않아요. 제 인생 제대로 살고 싶어요."

"멍청한 거 아닙니다. 사랑이 그렇죠. 연애가 그렇죠. 우리 관계가 무 자르듯 한 번에 쏙 자를 수 있으면 괴로운 일이 뭐가 있겠습니까. 저는 형경 씨가 겪는 고통에 충분히 공감합니다. 잘 찾아오셨습니다."

 선생님은 내 맥락 없는 설명과 횡설수설에도 어떤 비난과 판단 없이 내가 느끼는 감정에 진심으로 공감하는 것처럼 보였다. 판사의 판결을 기다리는 피고의 심정이 나와 같을까. 나는 선생님의 입을 뚫어져라 쳐다보며 속 시원한 해결책이 나오기만을 기다리고 있었다. 대충 알아들으셨죠, 선생님? 제 문제가 뭔지 말씀드렸으니 이제 답안지를 주시면 됩니다. 하소연을 했으니 선생님이 속 시원한 해결책을 제시할 거고, 난 그대로 따르면 될 거라고 생각했다. 그런데 선생님은 내 앞에 'MMPI 검사지'라고 적힌 종이 한 부를 들이밀었다. 이게 뭐지? 나는 선생님을 쳐다보았다.

 "이건 다면적 인성검사라는 건데, 다음 시간까지 솔직하게 작성을 해주시고요. 당분간은 남자친구와 하는 싸움에 자신을 잃어버릴 정도로 몰입하며 에너지를 쏟지 않게 주의하세요. 가능하다면 객관적으로 둘 사이 문제를 바라보는 시야를 기르셔야 합니다. 다투는 상황이 오더라도 다툼 자체를 바라보지 말고 화가 난 내 마음에 좀 더 집중해 보세요. 상황에 매몰되거나 자신을 놓지 마세요. 제가 보기에 현재 두 분이 하는 말다툼은 서로에게 결코 긍정적인 방향으로 작용하고 있지 않아요."

맞는 말이었다. 우리가 하는 싸움은 건강한 방향으로 나아가질 못했다. 말싸움은 과격해졌다. 소리를 지르고 울음을 터뜨렸다. 한 번 선을 넘기자 싸움에 도달하는 끓는점이 낮아졌다. 100도에서 끓던 화가 90도, 80도, 70도에서도 부글부글 끓어올라 서로 화를 내고 최악이라며 손가락질을 해댔다. 최근 남자친구 입에서 싸움 도중에 쌍욕이 나왔다는 얘기를 차마 처음부터 선생님께 하지는 못했다.

예정된 상담 시간을 훌쩍 넘기고 다음을 기약하며 상담실을 나섰다. 어떤 시원한 답변도 받지는 못했지만, 가슴 속 응어리는 이미 풀려 있었다. 신기한 건 짧게라도 전문가에게 내 속을 털어놓는 행위 자체만으로 엄청난 치유가 되었다는 점이다. 선생님이 진심으로 내가 연애를 하며 겪는 슬픔과 절망에 공감해주었다는 사실만으로도 힘이 났다. 내 예상과는 달리 1회로 끝나는 상담이 아니어서 잠시 망설였지만 일단 선생님을 믿고 물 흐르는 대로 진행해보기로 했다. 내 연애의 끝이 이별이라는 실패로 끝나지만 않는다면 무슨 짓이든 할 수 있었다.

나는 받은 검사지를 대강 훑어보았다. 질문은 평이했지만 '최근 들어 자살을 많이 생각해왔다'는 문항이나 '너무도 많은 과오를 저질러왔다'는 질문에서는 멈칫했다. 밥벌이도, 연애도 아무것도 되지 않아서 불안한 나의 내면이 괜히 까발려질까 봐 두려움이 엄습했다. 그러나 솔직히 답변하지 않는다면 무의미한 검사가 될 게 뻔했다. 게

다가 내가 얼마나 솔직하게 질문에 응했는지 진실성 측정까지 가능하다고 하니 느끼는 대로 작성해야만 했다.

나는 심호흡을 하고 단숨에 검사지를 작성해나갔다. 불편한 문항을 맞닥뜨릴 때마다 거침없이 '그렇다'고 표시했다. 내가 정말 이상한 놈을 만난 건지, 멀쩡한 남자가 나를 만나서 이상해진 건지 알고 싶었다. 나는 대체 어떤 사람인지, 내가 무엇을 원하는 사람인지, 그의 말대로 내가 그렇게 최악인 사람인지 알아야 했다.

결혼의 문턱 앞에서 아직 문을 열지 못한 채 문고리만 잡고 있는 상황이었다. 이 문을 열까 말까. 이 문을 열었을 때, 내 선택을 후회하지 않을 자신이 있는가.

내가 자발적으로 상담실을 찾은 건, 변화하려는 의지가 있었기 때문이다. 그래, 중요한 건 우리 관계를 바꾸려는 내 의지다. 제대로 문제를 짚어내고 조언해줄 전문가까지 만났으니, 나도 모르는 사이에 망가진 내 연애의 끝에 분명 빛이 찾아올 것이다.

후회하고 싶지 않아서

남자와 주말에 단골 커피숍을 찾았다. 그는 시럽 없이는 아메리카노를 마시지 못하는 커피 문외한이었다. 하지만 커피를 좋아하는 내게 맞추어 우리는 커피전문점을 자주 찾았다. 바야흐로 뜨거운 아메리카노가 어울리는 계절이었다.

오랜만에 그의 얼굴을 유심히 바라보노라니 꾀 한 번 부리지 않고 열심히 살아온 세월의 흔적이 보였다. 염색으로도 가릴 수 없는 새치와 깊게 잡힌 주름… 그의 머리부터 발끝까지 곳곳에서 '성실과 근면'이라는 단어가 떠올랐다.

모처럼 따뜻하게 응시하는 내 시선을 의식했는지 그도 나를 보며 이유 없이 환한 미소로 화답했다. 날씨도 좋고, 커피 맛도 좋고, 요 며칠 싸우지 않은 우리 관계도 더할 나위 없이 좋았다. 만약 함께 상담을 받는다면 싸움과 화해의 무한 반복 궤도에서 벗어나 결혼의 문턱을 넘길 수 있을 것이다. 백지장도 맞들면 낫다는데 이왕 상담을 받는다면 혼자보다는 둘이 받는 게 효과가 훨씬 좋겠지. 나는 그의 손을 덥석 잡고 계획에도 없던 커플 상담을 제안했다.

"나 저번에 상담하고 왔다고 했잖아. 다음 주에도 상담 예약이 잡혀 있거든. 첫 상담이라 얼떨결에 앉아 있다가 나왔지만… 우리 같이 상담하는 거 어때? 우리가 오늘처럼 좋을 땐 좋다가도 싸울 땐 파국으로 치닫고… 이렇게 서로 찔러가면서 계속할 수 없다는 걸 오빠도 잘 알잖아. 전문가에게 도움을 받아보고 해결책을 찾자. 만약 헤어지는 게 답이라는 결론이 나온다고 해도, 나는 정말로 오빠와 함께한 이 시간을 후회하고 싶지 않아. 매번 욕하면서 헤어지자는 얘기가 나오니까 이렇게 헤어지면 정말 상처받을 거 같아…. 우리 진짜 최선을 다해보자."

 이번에는 그가 나를 빤히 쳐다보았다. 그리고 아주 큰맘 먹었다는 듯이 내 손을 잡았다.

 "헤어질 생각을 왜 하냐. 헤어질 생각이면 뭣 하러 돈 들여가며 상담을 받아? 헤어지지 않으려고 전문가를 찾아가는 거지. 안 그래도 상담이 어땠는지 물어보려고 했어. 효과가 있어? 도움이 돼? 계속 가야 하는 건가 봐?"
 "한 번 상담하고 효과를 운운할 수는 없지. 난 일단은 계속 받아보고 싶어. 보통 열 번은 받는 것 같아. 함께 받으면 좋을 것 같기는 한데 부담되는 금액이긴 해."
 "음…. 그럼 같이 상담하러 가자. 나도 요새 스트레스 때문인지 자꾸 너한테 화내고 막말하고, 내가 이렇게까지 못나게 굴지 몰랐어. 고칠 수 있으면 고쳐봐야지."

나는 그에게 상담 선생님의 휴대폰 번호를 찍어주었다. 돈과 시간, 에너지를 투자해야 하는 상담에 선뜻 응해준 그가 고마웠다. 그에게 차마 이 상담의 끝이 이별이어도 괜찮다는 말을 할 수는 없었다. 나는 그때 막연하게나마 우리 커플 상담의 끝이 결혼이 아니라 이별일 수도 있지 않을까 생각했다. 무슨 짓을 해서라도 헤어지고 싶지 않다는 생각과 어차피 아닌 것 같은데 하루라도 빨리 헤어지고 싶다는 생각이 공존했다.

이별 자체도 끔찍하지만 서로에게 악담과 저주를 퍼붓는, 최악의 이별만은 하고 싶지 않았다. 최근 우리가 싸우는 방식으로 보아 헤어짐은 시간문제일 뿐, 결국엔 '내 인생에서 꺼져', '네가 나를 망쳤어'를 외치며 헤어질 확률이 높았다. 어쩌면 그도 입 밖에 내지는 않았지만, 반복되는 미성숙한 싸움의 끝은 이별이라고 생각하지 않았을까. 우리는 커플 상담의 결과에 따라 계속 손을 잡거나 영원히 놓게 될 거라는 걸 알면서도 겉으로는 모르는 척했다.

치즈 케이크가 먹고 싶다는 말에 바로 자리에서 일어나 진열장에서 케이크를 고르는 그의 뒷모습을 가만히 바라보았다. 그는 성실한 사람이니까 상담 역시 최선을 다해 임할 것이다. 우리 관계가 상담 치료를 받으며 좋아질 수 있을 거라고 기대하면서, 머릿속에서 자꾸 맴도는 '이별'이라는 단어를 애써 떨쳐냈다. 그렇게 우리는 각자 다른 요일을 정해서 상담을 받기 시작했다.

처음에는 상담 선생님 앞에 둘이 나란히 앉아 있는 모습을 상상했다. TV 프로그램 〈아침마당〉의 부부클리닉 코너처럼 커플이 나와 상대방에 대한 불만을 털어놓으면 정신과 전문의의 진단과 코칭이 들어가는 한 시간짜리 커플 상담을 상상했던 것이다. 그러나 선생님은 개별 상담을 진행해 전반적인 문제를 진단한 후에, 양쪽의 동의를 받아 세션을 하나로 합쳐 상담하겠다고 했다. 또한 각자 상담 내용을 서로 공유하지 말 것을 신신당부했다. 내가 그에게 할 수 없는 이야기, 그가 나에게 하지 못했던 이야기를 전문가에게 털어놓고 서로 다른 해법을 받을 터였다.

나는 그가 첫 번째 상담을 받고 잔뜩 상기된 채 상담실 근처 커피숍에 들어오던 모습을 지금도 생생히 기억한다. 그의 손에도 검사지가 들려 있었다.

"어땠어? 좋았어? 아, 맞다. 선생님이 서로 상담 내용 공유하지 말라고 하셨지. 내용은 나한테 말하지 말고… 그냥 오늘 상담 후 소감만 말해줘. 느낌이 어때?"

그는 상담하길 잘한 것 같다며 상담 이후 잠시 정신이 멍해서 선생님 말씀은 기억나지 않는다고 했다. 다만 그동안 쌓였던 울분과 체증이 한껏 내려간 것 같다는 말을 덧붙였다. 역시 나와 느낀 게 비슷하다. 나는 덩달아 흥분했다.

"그렇지? 말 되게 많이 나눈 거 같은데 상담실 문 나서는 순간 머리가 완전 하얗지? 다음부터는 휴대폰 메모장에 상담 내용을 적기라도 해야 할 것 같아. 한 시간 동안 마법에 걸린 것 같아. 분명히 말을 내가 더 많이 하고, 선생님은 가만히 듣고 계시다가 한두 마디씩 툭툭 던지는데 그게 자꾸 내 뇌를 때려. 근데 막상 상담실을 나와서 찬찬히 되새겨보려고 하면 쉽지 않더라고. 가슴은 뜨거워지는데, 머리가 텅 비다 못해 차가워진 느낌?"

그는 검사지를 휙휙 넘겨 보면서 잘 한번 극복해 보자고 했다. 두 눈에 의지가 솟아올랐다. 우리가 서로 너무 사랑해서 이렇게 싸우는 거라고, 별거 아니라고 다 지나간다고 덧붙이며 내 손을 꼭 잡았다. 시작이 반이라는 말이 그때처럼 실감되었던 적은 없었다. 고작 1회

진행된 개별 상담만으로 서로를 둘러싼 많은 오해와 곡해가 저절로 사라진 것만 같았다.

쌀쌀한 겨울 날씨였지만 따뜻한 햇볕 아래 얼굴에 닿는 서늘한 공기가 좋아서 그의 손을 잡고 한강공원을 거닐었다.

"이야, 간만에 나오니까 너무 좋다. 서울에 이렇게 집이 넘쳐나는데 우리는 왜 집 한 채 갖기가 힘드냐! 그동안 열심히 살았는데. 우리도 좀 좋은 집에서 살아보자! 행복하자!"

한강변에 높이 선 리버뷰 아파트를 둘러보며 절규하는 그의 뒷모습이 애잔했다. 나도 안다. 그가 열심히 살아온 것을. 그러나 제대로 방향을 잡지 않은 게 문제였을까. 부모에 대한 책임감이 넘치는 그는 과연 좋은 사람일까? 그의 뒷모습 하나에 생각이 꼬리를 무는데 그의 휴대폰이 울렸다. 그의 엄마다. 그에게 어서 받으라고 손짓하며 얕은 한숨을 내뱉었다.

그는 내 손을 잡고 그의 코트 주머니에 깊숙이 넣으며 "네, 어머니" 하고 전화를 받았다. 까랑까랑한 모친의 목소리가 수화기를 넘어 또렷하게 들렸다.

"아들! 왜 요새 통 전화도 안 하고 그래? 엄마 아들 보고 싶어서 살이 쭉 빠졌어."

"왜요? 엄마 밥 좀 잘 드셔야죠. 교회 사람들하고 좀 놀러다니고 그러시지…."

"엄마는 아들밖에 없는데 아들 못 보니까 그렇지. 엄마 친구 없는 거 알잖아. 네 아빠 언제 퇴근하나 하루 종일 기다리면서 TV 보는 거 외에 엄마가 할 게 뭐가 있어. 아들 언제 와? 엄마 여기 저기 아픈 데도 많아."

"엄마… 건강 신경 쓰시고… 조만간 내려갈게요."

"사랑한다, 아들아."

"네. 사랑해요, 어머니."

전화를 끊은 그의 표정이 좋지 않다. 통화 내용을 들으면서 내 얼굴도 구겨졌다. 또 시작이다. 처음에는 사랑한다는 말을 자연스럽게 주고받는 모자 사이가 좋아 보였다. 하지만 다 큰 성인 자식과 정서적으로 분리되지 못한 부모의 사랑은 서로를 단단히 물고 있는 족쇄일 뿐, 건강한 관계는 아니었다.

우리 관계를 먹구름으로 만드는 데 50퍼센트쯤 기여한 그의 부모님은 다른 일반적인 부모님과는 전혀 다른 분이었다. 유난히 아들에게 집착하고 효도하길 바랐다. 그는 여태까지 부모님의 기대를 저버린 적이 없다고 했다. 두 분이 국민연금만으로 생활하기 어려워서 경비 일자리를 알아봐드렸고 매달 용돈을 40만 원씩 챙겨드리고 있지만 마음 한편으로 더 해드리지 못해 죄책감이 든다고 했다. 그러나 효심이 지극하다고 하기엔 아주 최근까지 엄마와 뽀뽀를 하는 사이였다는 그의 말에 경악하지 않을 수 없었다. 나는 그의 부모님, 정확히 말하면 부모에 대한 남자의 태도를 받아들일 수 없었다. 내 눈에는 비정상으로 보이는 '몰입애착형 모자 또는 부자 관계'가 그에게는 40년간 그를 지탱해준 절절한 내리사랑이었다. 그는 엄마의 태도에 아무런 문제가 없다고 여기면서 '내가 싫어하니까', '나를 위해서' 지나친 애정표현을 하지 않겠다고 다짐했다.

하지만 그 다짐은 우리 사이가 틀어질 때마다 여지없이 약해졌다. 나는 문제라고 생각하는 그와 부모의 관계가 그에게는 단단한 '가족애'였으니까. 나를 위해 억지로 참는 부모에 대한 남다른 애정은 싸울 때마다 튀어나오곤 했다. 그와 대화를 하다 보면 거룩한 그의 효심은 정상이고, "너무 이상해", "너무 집착해"라고 말하는 내가 천하의 패륜아가 된 것만 같아서 괴로웠다. 그의 부모와 내가 그를 두고 힘겨루기를 하게 한다는 점은 남자의 치명적인 단점이었다. 주변에서 많이 들었던 '이상한 효자랑 결혼하면 이혼은 시간문제'라는 말이 자꾸 신경 쓰였다.

"네 말이 맞는 것 같아."

그가 통화를 끊고 한숨을 내쉬며 말했다. 통화 내용을 다 들었지만 짐짓 모르는 척 묻자 그는 고개를 저으며 대답했다.

"그냥… 부모님이랑 통화해서 마음 편한 적이 없어. 늘 애처럼 징징거리시고, 늘 돈 없다고 하시고. 어디 아프다고 하시고. 내가 너랑 좋은 데 가고 좋은 거 먹으면 부모님 눈치가 보여. 예전에는 당연하다고, 우리 부모님은 아무 문제없다고 생각했는데 내가 봐도 친구들 부모님하고 너무 달라. 그렇다고 외면하자니 내가 무슨 부귀영화를 누리겠다고 불효하면서까지 내 행복을 추구하나 싶고. 그렇다고 부모님께 맞추자니 내가 결혼을 포기하고 부모님의 장식품으로 살아야 하는 것 같아서 괴로워."

 엄마와 통화가 끝난 후 괴로워하는 그를 보면서 나도 마음이 복잡해졌다. 부모와 남자, 셋이 행복한 그들만의 트라이앵글에 내가 과연 끼어들 수 있을 것인가. 끼어들 가치가 있을까. 그가 내 방패가 되어줄 것인가 아니면 3대 1로 싸우다가 나 혼자 전사할 것인가.
 그를 만나서 처음으로 착하다는 기준이 흔들렸다. 부모님께 부족함이 없는 아들이자 마음에 쏙 드는 아들은 역으로 이기적인 남편이 될 확률이 높았다. 우리가 과연 상담을 받으며 합의점을 찾을 수 있을까.
 남자와 나 둘의 기질과 성격, 가치관의 차이를 넘어선 문제가 우리 관계의 기저에 폭탄처럼 깔려 있었다. 다시 한번 커플 상담을 결정하길 잘했다고 생각했다.

○
제가 이상한 사람인가요?

며칠 뒤, 나는 어두운 표정으로 상담 선생님을 마주했다. 선생님이 내어주신 따뜻한 녹차 티백에서 피어나는 뜨거운 김을 가만히 바라보면서 생각을 가다듬었다. 첫 상담처럼 감정이 격해져서 아무 말이나 두서없이 쏟아부을 수 없으니 최대한 조리 있게 설명하고자 다짐했다.

우선 어디까지가 효(孝)인지 남자와 내가 너무도 다르게 생각하는 가치관 차이를 얘기할 것이다. 우리가 서로 정말 다른 환경에서 성장했음을 보여주는 부분이니까. 그런데 한 주간 무탈하게 잘 지냈냐는 선생님의 질문에 갑자기 울화가 치밀어 올라 얼굴이 화끈거렸다.

"선생님, 저도 자식인데. 상식적인 효도 개념은 충분히 안다고 생각해요. 저는 제가 지극히 평범한 가정에서 자랐다고 생각하거든요. 뭐, 엄마랑 가끔씩 전화로 티격태격 말다툼도 하지만 그 바탕에는 애정이 깔려 있어요. 평생 교단에 계시다가 은퇴하신 아빠를 보면서 존경하는 마음도 있지만 동시에 고리타분하고 답답하다는 생각에 부딪힐 때도 있고요. 부모님이 나이 드시는 게 빤히 보이기 때문에 좀 이해해드려야지 생각하다가도 말을 못 참고 상처 주는 말을 내뱉어 후회하기도 하고요."

"네, 물론 그렇지요. 저도 구순이 넘어가는 노모가 계시지만 제 직업이 상담사라고 해서 아무런 갈등이 없지는 않아요. 상식적인 선에서 모녀끼리 사소한 갈등은 정상이에요. 무슨 일이신가요. 이번에 부모님과 갈등이 있었나요?"

선생님 질문에 다시 아랫배에서 뜨거운 불덩이가 올라왔다. 잊고 지내다가도 종종 까닭 없이 그의 부모님을 만났던 기억이 떠올라 나를 괴롭혔다. 나는 떨리는 목소리를 꾹꾹 누르며 그의 부모님을 처음 만났던 날 이야기를 털어놓았다.

벌써 반년도 더 된 일이었다. 그는 사랑하고 존경해 마지않는 부모님께 나를 소개하고 싶다고 했다. 그때까지만 해도 나는 그가 부모님께 덧붙이는 표현에 꽤나 감동했다. 사랑하고 존경해? 부모님을? 잠시 내 부모님을 떠올렸다. 말장난 같지만 우리가 가족이니까 가족이지, 남에게 부모님을 소개하면서 존경하고 사랑한다는 표현을 자연스레 갖다 쓸 순 없을 것 같았다. 대체 얼마나 대단한 분들일까? 그의 부모님을 만난다는 생각에 나는 긴장과 기대로 벅차올랐다.

우리는 꽤나 비싼 한정식 집에 자리를 잡고 앉았다. 그의 부모님께 어색하게 인사를 드리고 앉아 있는데 막상 그의 부모님은 나에게 관심이 크게 없어 보였다. 나는 '아버님은 뭐 하시는 분인가'와 같은 뻔한 질문을 받을 거라고 예상했으나 철저히 빗나갔다. 식사가 나올 때까지 그의 어머니는 아들의 손과 얼굴을 계속 만지작거리고, 아버지는 "우리 아들은 지금껏 우리를 실망시킨 적이 없어"라고 말하며 함박웃음을 지었다. 아들의 여자친구를 처음 보는 자리에서 그분들의 관심은 내가 아니라 오직 아들뿐이었다.

마흔이 다 된 아들이 저렇게 좋을까. 예상치 못한 저녁 식사 전개에 적잖이 당황했다. 가풍이 '다름'이 아니라 '비정상'으로 받아들여진 건 식사가 거의 끝날 때쯤이었다. 식사하는 내내 나는 세 가족이 사랑과 감사, 존경이라는 단어를 주고받는 걸 보며 꿔다 놓은 보릿자루처럼 앉아 있을 뿐이었다. 자리가 자리인 만큼 제대로 먹지도 못했지만 그의 부모님은 전혀 눈치채지 못하셨다. 그저 나를 의식한 그가 많이 먹으라며 반찬을 내 앞으로 좀 가져다줄 뿐이었다.

드디어 후식으로 식혜가 나왔다. 그때까지 세 가족이

웃으면 적당히 따라 웃으면서 그들이 하는 대화를 '관객'이 되어 바라보았다. 나에게 질문이 없는 두 분께 무슨 말을 해야 할지 몰라서 부모님과 그의 얼굴을 번갈아 쳐다보았다. 입 주위 근육이 떨려올 때쯤 드디어 내게 질문, 아니 당부가 쏟아졌다.

"네 이름이 형경이라고 했냐? 애 아빠가 경비를 언제까지 할 수도 없는 노릇이고… 계약만료가 되면 니들이 매달 따박따박 생활비를 가져다줘야 한다."
"네? 생활비를요?"

그의 어머니가 아들의 손을 놓지 못한 채로 내 눈을 보고 처음으로 하신 말씀이다. 나는 귀를 의심했다. 내가 지금 무슨 얘기를 들은 거지. 우리 아버지 직업을 묻는 것도 아니고, 둘이 어떻게 만났는지 궁금한 것도 아니고 첫 마디가 생활비 요구라니. 상견례를 한 것도 아니고, 결혼 날짜를 잡은 것도 아닌데…. 갑자기? 나에게?
 내가 당황한 표정으로 그를 쳐다보자 그가 한번 들어보라는 시늉으로 입을 삐죽였다. 내가 만약 고분고분하게 '암요, 그렇고 말고요, 드려야지요'라고 했으면 두 분과 내 관계가 지금과는 달라졌을까. 나는 그럴 수가 없었다.

 "저기요, 어머니…. 지금 오빠가 은행에 빚이 수천만 원이 있고, 아시는지 모르겠지만 나이 마흔 살이 되도록 전세 자금이 전혀 준비가 안 되어 있어요. 저도 이번 달까지만 회사를 다니고 일단 제가 모아 놓은 돈으로 글쓰기 아카데미라도 다녀보려고 계획 중이고요. 지금 결혼한다고 가정하면, 매달 대출 이자에 월세만 제외하더라도 오빠 월급으로는 저희 둘이 지내기에도 빠듯해요. 아버님 일 그만두시면 매달 수십만 원씩 돈을 부쳐드릴 형편이… 아직은 안 돼요."

그때부터 나를 처다보던 두 분의 눈빛이 달라졌다. 그는 어떤 태도도 취하지 않고 조용히 침묵을 지켰다. 나는 첫 만남에 생활비를 요구하는 그의 부모보다 그의 침묵에 진땀이 났다.

'지금 내 눈앞에 있는 이 남자가 자기 부모님 앞에 나를 이렇게 패대기를 쳐놓고 왜 넋을 놓고 있는 거지? 이봐! 말을 해. 지금처럼 꼬박꼬박 부모님께 생활비를 드리는 건 곤란하다고, 우리도 우리 삶을 꾸려가야 하지 않느냐고 말을 하란 말이야. 아니, 무엇보다 지금 처음 보는 나한테 이런 식의 대화는 무례한 거라고 말을 하란 말이야.'

하지만 그에게 보낸 나의 텔레파시는 통하지 않았다. 때마침 그의 아버지가 입을 열었다.

"니네들은 젊고, 우리는 늙어가는데 젊은 니들은 일하면 되잖니. 그럼 생활비를 안 주면 우리 보고 길바닥에

나 앉으라고?"

"아니, 그게 아니라요…."

"어우, 얘! 아들아! 나 쟤 며느리로 인정 못한다. 나는 쟤 싫다! 저런 싸가지를… 어디서…."

그의 어머니는 내 말이 끝나기도 전에 손을 휘휘 저으며 식당 밖으로 나갔다. 뒤따라 아버지도 밖으로 뛰어나가고, 그는 부모님을 따라 나가지도 자리에 앉지도 못하는 엉거주춤한 자세로 있다가 카운터로 가서 계산을 했다.

모든 것이 순식간에 벌어진 일이었다. 드라마에서만 겪는 막장 예비 시댁 갈등이 내 눈앞에서 벌어지고 있었다. 나는 그의 부모가 보인 무례함과 비상식적인 행동, 이에 아무런 저항도 하지 않는 그의 무력한 태도에 분노했다. 우리는 그날 오래도록 싸웠고 그는 엄마가 말씀이 심하신 건 일부 인정하지만 당장 길거리에 나앉을까 봐 생활고를 걱정하시는 분께 용돈을 드리지 않겠다고 말하는 건 가혹하다고 했다. 나는 생활고를 걱정한다는 분이 일주일에 세 번 이상씩 외식을 하고, 아들에게 백화점에서 옷을 사달라고 말하는 게 납득이 되지 않았다. 그의 중년 이후 삶이 부모님의 가난한 노후와 맞물려 있었고 그만 그 사실을 모르는 듯했다.

그의 부모에게 그런 일을 당했다는 사실에 수치심과 억울함이 다시 끓어올랐다. 나를 감싸지 않는 남자 모습이 다시 떠올라 상담 선생님께 말하다 말고 눈물을 쏟았다.

그때 그와 헤어지지 않은 건, 나한테 정말 미안하다며 자기가 어떻게든 부모님을 해결하겠다며 믿어달라고 사정했기 때문이었다. 그러나 그저 책임지지 못할 말이었을 뿐 아무것도 해결되지 않았고, 그는 가난한 부모가 죄는 아니지 않냐며 내 앞에서 울었다. 그 후로 그가 부모님과 통화할 때마다 여간 신경 쓰이는 게 아니었다. 부모가 가난한 건 죄가 되지 않으나 그 가난의 짐을 당연히 내가 함께 질 의무는 없지 않은가.

"선생님, 제가 이상한 건가요? 제가 예의 없는 사람인가요? 그저 할 수 없는 건 할 수 없다고 말씀드릴 뿐이었어요. 설령 지금까지 아들에게 생활비를 받았다고 하더라도 결혼 이후에는 말이라도 우리 걱정하지 말고 잘 살아달라는 말을 기대했을 뿐이에요. 얼마나 저를 우습게 보고 아들을 무시하면 그 자리를 박차고 나갔을까요? 아마 어머니가 알았겠죠. 우리 아들은 무슨 짓을 해도 당신의 뜻을 거스르지 않을 거란걸. 아니나 다를까. 결국 그날, 남자와 저만 다투었을 뿐 그는 부모님과 싸우지도 않았어요. 그런 부모님을 저지하지 못하고 지 엄마 화난 것만 신경 쓰는 남자는 멍청이 병신 쪼다새끼 같고요!"

반년도 더 지난 일이지만 자다가도 그날 한정식 집만 생각하면 눈이 번쩍 떠질 정도였다. 왜냐하면 남자는 아직까지도 무엇이 문제인지 모르는 것처럼 보였기 때문이다. 그날 일은 그대로 묻혔다. 그는 "우리 엄마 나쁜 분 아니야. 가끔 막말하는 경향이 있어서 그래. 네가 좀 이해해줘. 부모님한테도 내가 잘 말할게. 너한텐 내가 대신 사과할게. 엄마 싫어하지만 말고 그냥 오늘 일은 잊어줘"라고 되풀이해 말할 뿐이었다.

그날 일을 얘기하며 흥분을 못 삭이고 씩씩대자, 나를 지켜보던 선생님이 마침내 입을 열었다.

"잘못 사신 겁니다, 남자친구의 부모님은."

단호한 말투였다.

"그분들의… 잘못이라는 말씀이신 거죠? 제가, 이상

한 사람이 아니라는 거지요?"

선생님은 다시 한 번 강조해서 말씀하셨다.

"네. 잘못 사신 거죠. 지난주 남자 분과 상담을 해보니, 부모님이 지방 연립주택에 사는 동안 국민연금이 유일한 수입원이었다고 들었습니다. 경비로 일하신지는 최근 6개월 사이 일이고, 그 전까지는 아들에게 생활비를 의지하셨고요. 직업 유무와 상관없이 요즘 세상에 나이가 60대 중반이면 아직 한창이시지요. 노후 준비를 하셨어야죠. 아들 하나 키우는데, 사지가 멀쩡하신데 자식에게 손 벌리지 않겠다는 생각으로 살아오셨어야 부모로서 떳떳한 삶이라고 말씀드릴 수 있을 것 같아요. 아들이 책임져줄 거라 기대하는 태도는… 제가 봐도 일반적인 부모의 태도는 아니라고 생각합니다. 부모가 그런 태도를 보이면 아들은 원가족에서 건강하게 분리되어 독립할 수가 없죠. 더군다나 아들의 경제 상황이 어렵다는 전제에서 보면 더욱 이해가 가질 않는군요."

"그런데 왜 남자친구는 이상하다고 생각하지 않을까요? 한 번이라도 제 편을 들면서 제 앞에서만큼은 부모님 부양이 버겁다고 토로해줬으면 억울하지 않을 것 같아요. 그냥 앵무새같이 '날 키워주셨다', '돈이 없어서 그렇다', '부모님은 날 사랑하신다' 등등 반복해 말하는 게 지겨워요."

나는 선생님께 큰 위로를 받았다. 당돌하고 못됐다는 말을 그의 부모님에게 들었던 터라 더욱 놀라웠다. 선생님은 속상해하는 내게 힘을 실어 내 감정이 옳다고 말씀해주셨다. 변화한 효(孝)의 가치와 시대에서 많이 뒤떨어진 관습에서 벗어나지 못한 그분들에게 문제가 있는 것이라고 온 마음을 담아 공감해주셨다. 또한 부모님이 화낼까 봐 두려워 싫다는 말을 못하고 가만히 있는 건 착한 것도 효도하는 것도 아닌 자기기만에 지나지 않는다는 말씀을 들으며 가슴이 더 착잡해졌다. 그와 이 문제로 항상 대립하면서 옳고 그른 문제로만 싸우는 것 같아서 피해의식이 있었는데, 선생님이 "네 잘못이 아니다"라고 말씀해주신 것이다.

"마마보이 같아요. 그는 아니라고 우기지만요. 마마보이는 일상을 엄마와 공유하고 엄마의 허락을 받는 사람이지만 자기는 결코 그렇지 않다고요. 부모님의 전폭적인 지지를 받으며 자기 하고 싶은 대로 인생을 살아왔다고 하더라고요. 하지만 저는 확신해요. 꼭 마마보이가 일일이 부모님께 일거수일투족을 보고하고 허락받는 유형만 있는 건 아니잖아요. 결국 부모님 손아귀에서 벗어나질 못하고 하라는 대로 하니까요. 그런데 같이 얘기하면 부모님과 그가 편을 먹고 3대 1로 싸우는 느낌이 들어요."

나는 또 감정이 격해져서 한참을 울었다. 결혼한 언니들은 하나같이 부모에게서 정신적으로 독립하지 못한 남자를 만나면 결혼 후에 재앙이 찾아온다고 충고했다. 결혼을 하더라도 이혼으로 많이 결론이 난다며 여러 사례를 얘기해주었다.

선생님이 적극적으로 내 감정에 공감해주었기에 위로받은 마음도 잠시, 그렇다면 나는 대체 어떻게 이 문제를 헤쳐나가야 할 것인지 머리가 지끈거렸다.

○
나에게 노후 걱정은 사치였다

일주일에 한 시간씩 상담을 받으면서 남자친구와 내가 얼마나 다른지, 내가 섭섭하고 이해되지 않는 그의 행동이 무엇인지 선생님께 털어놓았다. 남자친구 험담을 실컷 하면서도 죄책감은 들지 않았다. 남자친구의 암묵적 동의 아래 전문가에게 맘껏 그의 뒷담화를 하는 기분이 묘했다. 친구들에게 단순히 연애 하소연을 하는 것과는 분명히 달랐다. 처음에 친구들은 무조건적으로 내 편이 되어 나보다 더 흥분하며 남자를 욕해주었다.

"어머, 네 남친 진짜 별로다."

"완전 부모님이 아들 호구 잡았네, 잡았어."

"그냥 연애만 해. 사람 좋다는 거, 착하다는 거, 그거 양날의 검이야."

"너는 애 클 때까지 이혼하지도 못하고 참고 사는 날 보면서도 그 불구덩이에 뛰어든다는 거야? 우리 신랑 봐. 자기 아들 피아노 학원도 못 보내면서 부모님께 생활비 준다는 사람이야. 남의 집 가장 빼오는 거 아니다. 얼른 정신 차리고 헤어져."

그와 관계를 진지하게 생각하면서 친구에게 어려움을 토로한 적이 있다. 울고 불고 통사정하며 상황을 설명할 때는 배설 이상의 쾌감을 맛보았지만 그렇게 욕을 하고도 헤어지지 못하자 다들 고개를 절레절레 흔들었다. 결국 내 얼굴에 침 뱉는 행동이라는 걸 깨닫고 나는 입을 다물었다.

선생님은 내 감정에 온 마음으로 공감을 해주었지만 친구들이 그랬던 것처럼 일방적으로 그를 비난하지는 않았다. 선생님이 나 대신 욕이라도 해줬으면 싶을 때도 있었지만 선생님은 그러지 않았다. "이게 말이 돼요?

선생님, 걔는 분노 조절 장애가 있는 것 같아요"라고 말하면 그가 왜 그런 행동을 했는지 내가 이해할 수 있도록 설명해주었다. 내가 몰랐던 그 사람의 성향과 기질을 선생님과 상담하며 깨닫는 중이었다. 점차 그를 향한 맹렬한 분노는 가라앉고 담담한 심정으로 우리가 얼마나 다른 사람인지 인정하게 되었다.

상담 선생님은 결코 정답을 손에 쥐어주지 않았다. 어느 편도 들지 않고, 어느 쪽도 비난하지 않은 채 있는 그대로 상대방을 보게 해주었다.

"아, 정말 다르구나. 진짜 다르네요."

언젠가부터 내 입에서 '다르다'는 맞장구가 점점 자주 나왔다. 달라서 좋은 점이 있는 만큼 달라서 맞출 수 없는 퍼즐 조각도 있을 것이다. 그 관계를 안고 가느냐 마느냐는 상담을 받는 우리가 내려야 할 최종 선택이라는 걸 깨달았다.

내가 회사를 그만두면서 우리의 데이트 비용 중 그가 내는 비용이 전보다 훨씬 많아졌다. 주말 아침부터 밤까지 하루 종일 밖에서 데이트를 하면서 내가 쓰는 비용은 커피값 정도였다. 밥값, 주유비, 영화비, 각종 공연 입장료 등 비용을 대부분 그가 내면서 '돈'을 중심으로 둘 사이에 묘한 권력관계가 생겼다. 즉, 얻어먹는 쪽인 나는 한없이 미안해졌다. 반면 그는 사소한 일로 언쟁이 높아질 때면 "니가 돈 쓰는 게 뭐가 있냐? 내가 데이트 비용도 다 내는데"라는 말을 하며 불만을 터뜨렸다. 정말 구차하지만 이런 식이었다.

"오빠, 씨네큐브에서 예술영화 보자. 예전부터 꼭 보고 싶던 영화였는데 깜빡 놓쳤거든. 이번에 재개봉한대!"

"저번에도 네가 좋아하는 로맨스 영화 봤잖아. 이번에는 내가 원하는 것 좀 보자. 액션영화 어때? 4D 영화관에서 스트레스 좀 풀자."

"칫, 한 번만 더 내가 원하는 거 보자. 응? 나는 때리고 부수는 거 영 흥미 없단 말야."

"맨날 자기 하고 싶은 대로 다 하네. 늘 지 맘대로야. 내가 돈 내잖아. 최근 6개월 동안 네가 영화 결제한 적 있어? 내가 돈 결제하지, 내가 보고 싶은 영화도 못 보지. 내가 네 호구냐? 너는 나한테 뭘 그렇게 해주는데?"

"와…. 지금 말 다 했어? 여기서 돈 얘기가 왜 나와? 진짜 치사하게. 그럼 이번에 내가 결제하면 되잖아. 데이트 비용 오빠가 거의 부담하는 거 다 아는데…. 내가 사달라고 했어? 내가 결제하려고 할 때마다 필요 없다며. 데이트 비용은 걱정하지 말고 글이나 열심히 쓰라며! 그렇게 말할 땐 언제고 영화 고르다가 갑자기 돈 문제가 튀어나와? 그렇게 돈 쓰는 게 아까우면 왜 만나냐? 만 원 한 장 쓰는 게 그리 아까워? 진짜 치사하네."

"누가 아깝대? 내가 언제 아깝다고 했어? 그러니까 왜 네가 보고 싶은 영화만 보냐고!"

"지금 이 태도가 아깝다는 거지 뭐야? 영화 고르는 문제면 액션 영화 보자고 나를 더 설득하면 되잖아. 왜 갑자기 얘기가 돈 문제로 튀어?"

"진짜 버겁다, 버거워. 헤어지자!"

"또 이러네. 또 헤어지자 그러네. 그럼 진짜 제발 좀 헤어지든가. 내가 오빠 붙잡니?"

아주 사소한 걸로 싸워도 이런 식으로 늘 헤어지자는 결말이 나왔다. 내 입에서, 그의 입에서, 서로의 입에서 이별 얘기가 참 쉽게도 쏟아졌다. 헤어지자는 말이 처음 나왔을 때 차라리 헤어졌더라면, 덜 상처받고 더 좋은 기억만 남길 수 있었을까. 문제는 각종 적신호에도 헤어지지 못한다는 거였다. 나는 스스로에게 짜증이 났다. 자금이 넉넉지 못한 백수는 누가 뭐라고 하지 않아도 자존감이 떨어진다. 글쓰기 지망생, 즉 별 볼 일 없는 백수라는 비아냥을 이 세상에서 나와 가장 가까운 사람에게서 들을 줄이야…. 나는 참담했다. 차라리 바로 헤어질 수 있다면 지속되는 감정의 널뛰기로 인해 일상이 흔들리는 건 막을 수 있지 않을까.

백수라는 신분으로 사랑을 속삭이니 보살핌을 받는 대상이 되었다. 반면 싸울 때는 비아냥과 공격을 받기 쉬운 상대가 되면서 자존감은 계속 떨어지고 있었다.

또 그렇게 한바탕 싸우고 상담조차 받기 싫은 상태로 무거운 마음을 안고 상담실을 찾았다. 선생님은 첫 상담 때 과제로 주었던 다면적 인성검사의 결과가 나왔다며 설명해주었다. 문항에 체크하면서 혹시라도 조울증 증세가 있다거나 경계성 인격장애라는 진단을 받으면 어쩌지 하고 걱정했는데 다행히 검사 결과 정상이었다. 다만 불안도 항목이 정상 범위 내에서 꽤 높은 수치를 나타냈다.

"불안도가 높게 측정되었는데, 연애 문제 말고 일상생활은 좀 어떠신가요."

"전반적으로… 많이 불안해요. 글, 직업, 결혼과 출산… 모든 문제가 돈으로 귀결된다는데 우리 연애에서도 문제의 근원을 들여다보면 돈 문제가 핵심인 것 같아요."

나는 선생님께 숨이 턱턱 막히는 내 미래와 내가 느끼는 불안감을 담담히 털어놓았다. 회사를 덜컥 그만두고 각종 글쓰기 공모전에 도전했지만 죄다 떨어졌다. 나에게 노후 걱정은 사치였다. 당장 6개월 뒤 모습이 그려지지 않았다. 아직 생계를 위협할 정도는 아니었지만 매달 고정적으로 들어오는 수입 없이 적금 깬 돈을 생활비로 쓰는 마음이 늘 편치가 않았다. 이제는 글쓰기가 좋은 건지, 다시 진로를 바꾸기에는 너무 늦어버렸기에 어쩔 수 없이 매달리고 있는 건지 아무것도 확신할 수가 없었다. 이렇게 불안한 시간을 보내는 동안 옛 회사 동료들이 안부 메시지를 보내면 나는 괜찮은 척, 열심히 하는 척 답했다.

"과장님, 잘 지내죠? '작가'라는 꿈이 있다는 사실만으로도 부러워요. 저는 왜 꿈이 없을까요?"
"부럽긴요, 뭘. 그냥 열심히 하는 거죠."

그러면서 속으로는 끝도 없는 불안으로 곤두박질쳤다. 웹툰 〈미생〉의 명대사 중 "회사 안이 지옥이라면 밖은 전쟁터다"라는 말이 뼈에 사무쳤다. 낮에는 어떻게든 정신줄을 붙잡으며 글을 쓰고 요가를 하고 책을 보았지만 밤에는 여지없이 무너져 내렸다. 현실로 닥칠 것만 같은 불안한 미래 생각에 자주 울었다.

연애는 또 어떠한가. 하루 좋았다가 하루 울며 절망하는 연애는 내게 엄청난 공포와 불안감을 안겨주었다. 사랑이 식어서? 본성이 드러나서? 세상에는 커플의 수

만큼이나 연인 관계를 위협하는 다양한 이유가 있을 것이다. 우리 사랑에는 '돈'이 영향을 끼치고 있었다. 남자는 내가 돈을 벌지 않는다는 사실이, 나는 그에게 언제 갚을 수 있을지 모를 빚이 있다는 사실이 불편했다. 평소 수면 아래에 있던 치사한 돈 문제는 싸운 뒤에 치졸한 모습으로 등장했다. 나는 생각난 김에 최근에 있었던 씁쓸한 일화를 상담 내용에 더했다.

"최근에 제가 회사 다닐 때 쌓은 경력을 살려서 단기 프리랜서로 돈을 벌었어요. 지난 주말에 약 석 달치 월급에 해당하는 컨설팅 비용을 한 번에 받았던 거죠. 너무 좋아서 그 사람에게 알렸는데 그 반응이 좀… 어이가 없었어요. 이걸 기분이 좋다고 해야 할까요, 나쁘다고 해야 할까요…."

"음, 일단 수입이 생기셨다니 정말 축하드립니다. 그동안 많이 불안해하셨는데, 조금이라도 해소가 됐을 것 같아요. 정말 다행입니다. 한데, 남자분의 반응이 별로였나요? 무슨 일이 있었나요?"

"이번 주에는 한 번도 다투지 않았어요. 상담 효과인가 싶었는데 곰곰이 생각해보니 '돈' 때문이더라고요. 제가 돈을 벌고, 수익이 생기니 남자친구에게 선물도 사주고, 밥도 몇 번 샀어요. 그동안 많이 얻어먹은 게 미안하기도 하고 고맙기도 해서요. 남자친구도 물론 좋아했죠. 그 밖에 제가 특별히 다른 행동을 한 건 없어요. 여전히 글이 안 써지면 예민하게 굴었고, 그 사이에 도전했던 공모전에 또 떨어져서 우울해했지요. 변한 건 제가 아니라 남자친구였어요."

"남자친구의 행동이 어떻게 변하던가요?"

"엄청 사랑스럽게 변했어요. 제가 아무리 짜증을 내도 '피곤해', '힘들어', '버거워' 이런 말을 전혀 하지 않았어요. 저는 평소처럼 똑같이 대했는데, 완전히 사귈 때 초반으로 돌아간 거죠. 남자들이 사랑에 눈이 멀어서 '하늘의 별도 따다 줄게'라고 외치는 시기가 있다죠? 바로 그때로 돌아간 거예요. 외부에 행동이 바뀔 만한 이유는 전혀 없어요. 제가 일방적으로 얻어먹지 않고 돈을 썼다는 것 외에는."

"그래서 형경 씨는 한 주 동안 작은 다툼 한 번 없이 여느 다정한 커플처럼 지내신 소감이 어떤가요?"

"좋을 줄 알았는데 의외로 별로더라고요. 여태까지 싸운 원인이 제가 밥과 커피, 영화를 얻어먹었기 때문인가 싶기도 하고…. 남자친구가 입버릇처럼 '내가 돈 열심히 벌면 되지', '내가 너 책임져야지', '너한테 쓰는 돈은 하나도 아깝지 않아'라고 말해왔으면서 결국 입 따로 행동 따로였나 싶어서 좀 참담했어요. 더 나아가서 나를 그 정도로밖에 생각하지 않는 남자라면, 난 대체 무엇을 위해서 이 관계를 이렇게 애지중지하고 있나 싶은 거죠. 뭐 그렇다고 갑자기 정이 떨어진 건 아니지만요."

선생님이 고개를 끄덕였다. 선생님께 지난 일주일간 근황을 담담히 보고하면서 뭔가 찜찜했던 기분이 정리되었다. 선생님께서 상담을 마무리하셨다.

　"부부상담을 하다 보면 너무나도 다양한 사례를 가까이서 접하게 됩니다. 주로 상담실을 찾는 사람은 성별로 따지자면 여성들의 비율이 높아요. 남편의 외도 문제, 남편과의 성격 차이, 고부 갈등, 장서 갈등, 그 밖에 사소하고도 잡다한 문제로 상담실에서 부부 문제를 털어놓습니다. 그런데 갈등의 껍데기를 하나둘씩 벗겨 가다 보면 결국 가장 핵심에는 결국 '돈'이라는 공통점이 있어요. 집안이 경제적으로 여유로우면 남편 사이에 생긴 불화를 굳이 수면 위로 떠올리지 않는 경우가 많습니다. 외도 문제도 크게 다르지 않아요."

　"남편이 외도를 했는데 돈 좀 잘 벌어다 준다고 참고 산다는 말인가요? 결혼하면 다 그냥 그러고 사는 건가…. 전 이해가 안 되는데요. 설마… 싶기도 하고요."

나는 실로 당황스러웠다. 굳이 페미니즘이라는 말을 꺼내지 않더라도 오늘날은 가사부터 육아까지 적극적으로 동참하는 남편들이 많아지는 시대이지, 옛날처럼 여성이 참고 사는 세상이 아니지 않은가. 우리 부모님 세대까지만 해도 '이혼'이라는 단어에 질타와 주홍글씨를 새긴다고 했지만 나를 비롯해 더 어린 세대 사이에는 '안 맞으면 이혼할 수도 있지'라는 사고방식이 우세하다. 둘이 함께해서 괴로운 삶보다는 혼자 외로운 삶을 선택하는 게 바로 내 또래 가치관이다.

"그만큼 돈이라는 가치가 남녀 사이에서 매우 독특하게 작용해요. 외도는 폭언과 폭행만큼이나 부부 사이를 한순간에 끝내는 치명적인 배신행위죠. 그러나 가정 경제를 책임지는 배우자의 외도 한 번에 이혼을 결심하는 여자는 생각보다 많지 않아요. 외도보다는 팍팍한 살림살이가 부부 사이에 있는 크고 작은 갈등의 도화선이 되는 경우가 무척이나 많다는 거죠. 돈도 없는 게 바람을 피우고, 돈도 없는 게 집안일도 안 도와주고, 돈도 없는 시댁이 바라는 건 많고…. 남녀 사이에 불편하지만 외면하고 싶은 진실은, 바로 돈에 의해 관계의 근원이 충분히 흔들릴 수 있다는 점이에요. 여성들이 이혼할 때 가장 마지막까지 고려하는 부분도 경제적인 부분이죠. 출산에 따른 경력 단절 등으로 재취업이 쉽지 않은 시대에 당연히 이해가는 부분이기도 하고요."

나는 동의하지 않을 수 없었다. 나 역시 그와 연애하는 기간에 회사원-백수-프리랜서를 겪으면서 나의 경제력 유무에 따라 남자의 태도와 대우가 어떻게 달라지는지 체감했기 때문이었다.

"네. 당연한 말이지만 결혼을 하든 안 하든 죽을 때까지 내 밥벌이는 내 스스로 할 수 있어야 남 앞에서 떳떳할 수 있다는 생각이 이제야 들어요. 우습죠? 당연한 건데, 왜 여태껏 항상 연애할 때 남자 덕을 보려고 했는지 모르겠어요. 저, 지금부터는 제대로 경제활동하려고요. 남자친구 덕분에 정신 차린 걸 다행이라고 해야 할까요. 외면했던 진실을 마주했으니 이제 제대로 생각해야죠."

상담이 몇 회 진행되는 동안 나는 연애 문제 말고도 '나는 어떤 사람인가', '나는 어떻게 살아야 하는가'라는 근본적인 문제와 맞닥뜨렸다. 내가 상대방을 비난하는 마음속 깊은 곳에는 나도 인지하지 못한 자격지심과 콤플렉스가 녹아 있었다. 그동안 나는 사람 자체에만 매력을 느껴 그를 사랑한다고 확신한 걸까, 아니면 부나 명예가 내 사랑에 영향을 미쳤을까. 나도 자신이 없었다. 아무런 조건 없이 사랑한다고, 사랑을 속삭이던 우리도 결국 데이트 비용 앞에서 민낯을 드러내고 말았으니까.

'우리는 과연 사랑일까. 그 사람을 조건 없이 사랑한다는 내 마음속에는 무엇이 있을까.'

많은 생각이 드는 시간이었다.

내 인생이 불안한 이유

상담을 받은 지 몇 주가 지났지만 겉으로 보기에 우리 사이는 상담하기 전과 크게 달라지진 않았다. 목소리를 높이지 않을 뿐 다툼은 여전했다. 다만 다툼의 원인이 되는 문제가 극복할 만한 수준인지 아니면 우리가 함께 갈 수 없다는 시그널인지 알아보기 위해 내 마음을 자꾸 들여다봤다. 더는 그에게 "너는 왜 그 모양이니?", "몇 번씩 말했는데 왜 못 알아듣니"라며 따져 묻지 않았다. 상담을 받으면서 비난과 조롱, 책임 전가는 우리 관계에, 특히 나에게 독이 된다는 걸 알았다. 피할 수 없는 싸움에서 나는 딱 한 발자국 떨어져 그가 아닌 나로 관점을 돌렸다.

'나는 괜찮은가. 마음에 들지 않는 그의 행동을 참을 수 있겠는가. 다시는 안 그러겠다고, 미안하다고 말하는 저 사람의 말을 나는 지금 믿을 수 있는가' 하고 자문했다. 쉽게 대답할 수 없는 질문에 부딪히자 내 기분은 자주 가라앉았다. 그저 상담 내용을 절대 공유하지 말라는 선생님의 말을 철칙으로 알고 지켰다.

초겨울에 시작했던 상담은 어느덧 해를 넘겼고 그 사이 코로나19가 전 세계를 덮쳤다. 그 탓에 상담을 2주간 쉬었다가, 오랜만에 재개하는 날이었다. 나는 상담 선생님을 마주 보고 자리에 앉아서야 마스크를 내리며 크게 숨을 쉬었다.

"선생님, 요새 지하철 타기 무섭네요. 사람 많은 곳에 가기 두렵고, 마스크 안 쓴 사람 보면 화나고…. 태어나서 처음 느끼는 공포예요. 누가 기침만 해도 혹시나 싶고요."

"코로나 바이러스가 무서운 이유를 아시나요? 실체를 알 수 없고, 대비할 수 없는 공포라 우리에게 더욱 큰 불안으로 다가온다는 생각이 듭니다. 원래 사람들이 익히 아는 문제는 불안이나 공포로 다가오지 않아요. 해결해 나가면 되니까요. 그런데 '코로나 바이러스 감염증'이라는 건 원인이 무엇인지, 어떻게 극복할 수 있을지, 극복할 수 있는 문제인지 아무도 장담할 수 없다는 점에서 사람들이 불안감을 크게 느끼는 것 같아요."

  나는 고개를 끄덕였다. 관계의 불안, 밥벌이의 불안을 주축으로 내 인생이 불안한 이유는 무엇일까. 문자 그대로 한 치 앞도 알 수 없기 때문이었다. 영원을 약속했던 남자와 함께 만들어갈 미래는 이제 한 달 뒤도 알 수가 없었다. 시시각각 변하는 관계에서 나는 마음 편한 행복을 느낄 수 없었다. 먹고 사는 문제가 불안하니, 불안한 만큼 연애에 몰입했다가 실망하기를 반복했다.
  선생님께서 그동안 무슨 일이 있었는지 물었다. 나는 여전하다고 덧붙였다. 늘 싸우고 늘 화해하면서도 아직

껏 그의 많은 부분이 애틋하고 불쌍한데, 또 한편으론 이해되지도 않는다고 했다. 상황은 여전한데 달라진 건 내 마음이었다.

갑자기 사랑이 식은 게 아니었다. 그저 부글부글 끓어올랐다가 얼음처럼 차가워지는 냉온탕이 반복되는 게 아니라 미지근한 온도를 유지할 뿐이었다. 이전까지는 그를 바꾸지 못해 안달이었다면 이제 그가 바뀔 수 없다는 걸 차츰 받아들이는 상태였다.

"남자친구의 어떤 점이 그렇게 좋으셨습니까?"

사실 이 질문은 상담을 진행하면서 선생님께 몇 번이나 받았던 질문이다. 처음 질문을 받았을 땐 나와 전혀 다른 그가 너무 좋았다고, 그의 성실함, 근면함, 나를 향한 맹목적인 사랑이 좋았다고 대답했다. 그리고 몇 주 뒤에 같은 질문을 받았다. 나는 선생님이 지난 상담에 물어본 걸 잊었다고 생각하고 다시 답해드렸다. 그런데 오늘 또 같은 질문을 받으니 예사롭지 않다. 어쩌면 상담의 핵심은 내가 남자의 어떤 점에 이끌렸는지에 있는 것이 아닐까 생각하면서 솔직히 대답했다.

"이제는 잘 모르겠어요. 제가 만든 환상에 제가 넘어간 것 같기도 하고요."

정말이었다. 긍정적이고 밝은 사람이라고 생각했는데, 알고 보니 해결하기 쉽지 않은 문제는 덮어버리는 성향이었다. 좋은 게 좋은 거라며 무엇이 옳고 그른지 생각하기 싫어했다. 한마디로 문제 회피 성향이 강했다. 그리고 이는 부모님과의 관계에서도 마찬가지였다. 그는 나를 위해 가족 문제에 직면하기는커녕 착한 아들로 남기를 선택했다.

"형경 씨가 스스로를 소중하게 여겼다면 여기까지 찾아올 필요가 없었을 거라고 생각합니다. 결혼 유무와 상관없이 많은 커플이 상처를 주고받고, 다투고, 의견을 조율하면서 상대방을 알아갑니다. 내가 나를 정말 소중히 생각하는 사람이었다면, 나를 계속해서 힘들게 하는 사람을 두고 이토록 오래 고민하지 않을 거예요. 상대방도 여자친구를 소중히 생각했다면 자기 부모가 준 상처로 만신창이가 된 여자친구에게 부모님을 이해해달라고 떼쓰지 않죠. 정말 내가 왜 이 사람을 사랑했는지 들여다볼 필요가 있어요. 나를 소중히 생각하지 않는 사람에게 내 인생을 걸고 싶은 진짜 이유가 무엇이었는지 말이에요."

나는 바로 대답하지 않고 선생님의 질문을 아주 천천히 곱씹어보았다. 내 안에 있는 어떤 콤플렉스가 그를 내 삶으로 이끌었을까. 그동안은 결혼을 못 하는 게 아니라 자발적으로 하지 않는 거라고 생각했다. 그런데 생각해보니 그동안 나에게 결혼 얘기를 꺼내는 연인이 없었다. 늘 결혼으로 이어지지 못하는, 실패한 만남을 반복하다가 만난 지 얼마 되지 않아 '결혼' 카드를 꺼내는 남자에게 나는 '운명'이라는 단어를 끌어다 붙이며 좋아한 것이다. 어서 빨리 가정을 꾸리고 싶다는 조급함, 내 또래들은 거의 다 결혼했다는 사실, 마지막 연애일지도 모른다는 불안이 나를 여기로 이끌지 않았을까.

항상 남자를 탓하며 상담을 하다가 내가 나를 소중히 생각하지 않았다는 선생님의 말에 얼굴이 빨개졌다. 선뜻 답을 하지 못한 채 고개만 푹 숙였다.

오늘 상담으로 내게 또 다른 생각할 거리가 생겼다. 내가 왜 이 사람을 사랑했을까. 그에게 내 인생을 걸고 싶은 진짜 이유가 무엇일까. 내가 많이 좋아했던 음악가 신해철 님의 노래 〈니가 진짜로 원하는 게 뭐야〉가 생각났다.

모든 문제의 해답은 내 안에 있을 것이다.

○
상대방 문제를 내 배에 태우지 말라

나는 상담실 의자에 앉아서 도저히 이해가 되지 않는 남자친구와 부모의 애착 관계를 담담히 털어놓았다.

"남자친구와 그의 부모님 관계에서 아주 특이한 점을 발견했어요. 입으로는 우리 또래의 웬만한 사람들보다 더 자주 사랑한다는 말을 주고받지만, 진짜 중요한 얘기는 건드리지 않아요. 그렇게 사랑한다고 말하면서 아들의 빚이 어느 정도 되는지, 결혼할 돈은 있는 건지 궁금해하지도 않죠. 제가 가만히 지켜본 결과, 남자가 부모님께 안부 전화를 드리면 주로 부모님이 남자를 붙잡고 이런 저런 하소연을 하세요. '다리 아프다, 허리 아프다, 아들 보고 싶은데 왜 전화 자주 안 하느냐 보고 싶다, 우리는 노후가 두렵다'로 통화를 끝마치죠. 제가 보기엔… 마치 '아들인 부모'한테 칭얼대는 늙은 아이 같아요."

실제로 그는 엄마를 유별나게 사랑한다고 했다. 그의 엄마는 지금 그와 비슷한 나이일 무렵, 그러니까 그가 초등학교 저학년일 때부터 스트레스성 발작 증세를 보였다고 했다. 주로 그의 엄마와 아빠가 심한 부부 싸움을 할 때 그런 증세를 보였고, 그때마다 그는 엄마가 꼭 죽을 것만 같아 두려움에 떨었다는 것이다.

그는 부모가 심하게 싸울 때마다 귀를 막고 책상 밑으로 들어가서 빨리 싸움이 끝나기를 기도했단다. 또 일부러 문을 열어놓고 동네가 떠나가도록 싸우는 부모님을 보며 다짐했다고 한다. 나중에 결혼하면 아내와 절대 싸우지 않는 남편이 될 거라고.

하지만 싸우지 않는다고 해서 좋은 관계는 아니다. 관계를 건강하게 가꾸려면 잘 다퉈야 한다. 그러려면 상대방과 소통하며 문제에 직면하고 해결하려는 태도가 필요하다. 그런데 안타깝게도 그는 싸우지 않기 위해 문제를 회피하는 어른으로 자란 것이다. 그것도 유년 시절부터.

그는 나에게 '우리 엄마가 지금까지 살아 있는 이유는 나 때문이다'라는 말을 하곤 했는데 결코 건강한 감정으로 보이지 않았다. 나는 그가 부모에게 꼭 심리적 착취를 당한 것만 같아서 마음이 답답했다. 젊은 시절 아빠가 집에 들어오지 않을 때면 혼자 잠 못 드는 엄마에게 팔베개를 해주며 진정시켜드렸다는 말은 믿기 힘들 정도였다. 나는 그의 이야기에 복잡한 감정에 휩싸이면서도 그를 위로했다.

그와 부모님의 애착 관계를 제3자의 시선에서 관찰하며 그를 설득하려고도 해보고 비난도 해보고 여러 책을 권하기도 했지만 그때마다 그는 "우리 부모님은 나를 사랑으로 키우셨고 나는 부모님께 효도해야 해"라고 말할 뿐이었다. 그런 그와 대립했던 나는 불효의 대명사가 된 것만 같아서 다투는 내내 마음이 편치 않았다. 내가 효도를 하지 말자는 게 아닌데, 적당한 거리를 지키자는 말인데 그는 내 말을 오해했다. 결혼 후에는 원가족에서 분리해 '너와 나, 우리'를 우선해야 한다는 내 주장에 그는 고개를 흔들었다.

"왜? 왜 원가족에서 분리해야 한다고 하는 거야? 엄마, 아빠, 나, 너 우리 넷이 행복하면 되잖아."
"무슨 말 같지도 않은 소리야. 우리 넷? 우리가 결혼하면 세 명이 살았던 행복한 가정에 내가 들어가는 게 아니라, 부모는 부모대로 오빠는 오빠대로 독립해서 사는 거라고!"

그렇게 평행선을 달리며 내 뒷목을 잡게 하던 그가 상담을 시작하며 뭔가 서서히 변하는 것 같았다. 그의 부모님이 여느 집과는 다르다는 나의 주장에 그가 조금씩 부모님과 정서적 거리를 두려는 모습이 보였다. 그런데 그가 스스로 판단해서 내린 결정이 아니라 나 때문인 게 문제였을까. 나와 만나는 동안 내내 그는 데이트에 집중하지 못하고 표정이 어두웠다.

몇 번 캐물으니 그가 엄마 얘기를 꺼냈다. 엄마에게 전화를 했는데 받지 않는다며 걱정이 돼서 잠이 오지 않는다는 것이다.

"바쁘신가 보지. 전화를 몇 통이나 했는데 그래? 언제 집에 전화를 했는데?"

"아까 너 만나기 전에… 오전 열한 시쯤? 두 통이나 했는데 안 받으셔. 메시지는 읽었는데 회신이 없고. 내가 일주일째 전화를 안 드렸더니 화가 나셨나…"

"진짜… 마마보이네. 이해를 하려 해도 할 수가 없다. 제발 남들처럼 살아, 응? 이 감정이 지금 정상이야?"

엄마가 전화를 받지 않는데, 왜 걱정되고 신경이 쓰이지? 나는 남자와는 다르게 부모님에게 사랑한다는 말을 자주 주고받는 애교 많은 딸이 아니다. 그렇지만 엄마가 내 전화를 받지 않는다고 해서 엄마가 나한테 화가 났다고 생각한 적은 없다. 엄마가 바빴거나 전화 온 줄 몰랐을 테니 확인하면 전화할 거라고 당연히 믿는 마음이 그에게는 없었다. 사랑한다고 말하지 않아도 당연히 사랑하는 걸 아는 혈연관계, 다시는 안 볼 것처럼 싸우더라도 언제 그랬냐는 듯이 찾아가는 관계에서 볼 수 있듯, 미안하다는 말을 굳이 듣지 않아도 내가 알아서 이해하고 넘어가는 그 '당연한 마음'은 타인과 가족을 구분 짓는다. 그래서 '가족인데 어쩌겠어'라는 말에는 가족의 희노애락이 담겨 있다고 생각한다.

그러나 그는 전화로, 메신저로, 직접 얼굴을 보며 서로 쓰다듬고 사랑한다는 말을 과하게 주고받으면서도 가족에게서 보이는 '당연함'이 없었다. 왜 이렇게 별것 아닌 부모님 반응에 전전긍긍하는 걸까.

나는 종종 그에게 그가 부모님을 대하는 태도가 꼭 장인어른 내외를 대하는 것 같다는 말을 한 적 있다. 법으로 맺어진 가족의 거리만큼이나 불편하고 친절한 관계를 연출하는 것 같았다. 난 그 의문스러운 감정을 지적하고, 그는 가족을 방어하기에 바빴다. 도대체 왜? 도무지 풀리지 않았던 의문이 선생님의 답변으로 스르륵 한 번에 풀렸다.

"아마 남자친구 분은 어머니의 전화 회피로 인한 안 좋은 기억이 있을 거예요. 아주 옛날부터 엄마가 기분이 나쁘거나 아들에게 화가 나면 전화를 받지 않아서 전전긍긍했던 경험, 그런 엄마를 달랬던 경험이 아마 남자친구 분한테는 상처로 남았을 수 있겠죠. '아, 우리 엄마가 또 전화를 받지 않는구나. 내가 또 잘못했구나' 하면서 계속 신경이 쓰이는 거죠. 형경 씨처럼 '엄마가 전화 안 받네? 운전 중이신가? 나중에 확인하면 회신하겠지 뭐'라는 사고가 불가능한 거죠. 유감스럽게도 건강한 관계가 결코 아니라는 의미도 됩니다."

"아…. 그런 상처가 있을 수도 있다는 생각은 미처 못 했네요. 그냥 계속 비난했어요. 정말 이해가 안 된다, 네가 봐도 이상하지 않냐. 비정상적인 마음 씀씀이다, 고쳐라, 바꿔라…."

"형경 씨가 자라온 환경과 아주 다르죠? 두 분이 서로 대척점에 있는 가정 환경에서 성장하신 게 느껴집니다."

"말씀하신 대로 그 사람 집안과 우리 집안의 분위기가 너무 달라요. 스무 살이 넘으면 부모님한테서 '당연히' 독립해야 한다는 말을 자주 듣고 자랐어요. 그런데 그 사람은 우리 집안 분위기를 부러워하면서도 부모와 나를 독립적인 존재로 보는 걸 거북해해요. '부모님이 혈압으로 쓰러지시면 어떡하나, 살면 얼마나 더 사시겠냐, 이러다가 돌아가시면 너무 후회할 것 같다'는 말을 듣고 있으면 셋이 손 붙잡고 오순도순 사는 그들만의 리그에 괜히 내가 끼어들어서 가족 관계를 망치는 것 같은 자괴감만 들어요."

"부모님… 그렇게 쉽게 안 쓰러지십니다. 그리고 쓰러지신다고 하셔도 어쩔 수 없지요. 내 품을 떠나 자기 인생을 살겠다고 하는 자식을 놓아야 하는 건, 자연의 섭리입니다. 부모님의 감정까지 내가 일일이 신경 쓰고 보살필 필요는 없어요. 그럴 수도 없는 영역이고요. 부모의 마음을 헤아리는 태도는 좋지만 자식이 부모의 부모가 될 수는 없는 겁니다."

나는 오늘 했던 상담을 떠올리며 내가 상담을 처음 시작한 이유를 다시 한번 생각해보았다. 내가 상담을 시작한 이유? 그와 나의 팽팽한 평행선에 교차점을 만들어서 한마음 한뜻으로 인생을 함께하고 싶었다. 나는 너를 사랑하고, 너도 나를 사랑하니 조금만 더 서로를 이해하고 아껴주고 오해를 풀면 아무 문제가 없을 거라고 자신했다. 그런데 어쩌면 우리 문제는 다른 연애와는 달리 그와 나 둘만의 문제가 아니라 평범치 않은, 다소 이상한 그의 가족과 계속 감정적으로 부딪혀야 하는 나만의 문제일 수도 있다는 생각이 들었다.

정리하자면 그는 원래 그렇게 성장한 사람이고, 내가 도저히 이해할 수 없는 그의 부모는 더욱 바뀌지 않을 옛날 사람인 것이다. 그가 나로 인해, 상담을 통해, 스스로 성찰하며 변할 수 있을까. 그가 변하더라도 부모님은 변하지 않을 것이다. 이제는 그에게 변화하려는 의지가 있기는 한 건지조차 확신할 수 없었다. 그렇다면 나는 지금 무엇을 위해 이 개미지옥에서 허둥댈까. 그런 환경에서 성장한 그를 감당할 수 있느냐 없느냐는 온전히 내 문제로 남는 영역이었다.

꼬리에 꼬리를 무는 생각을 빠져나와 계속해서 말을 잇는 선생님을 바라보았다.

"내가 어떤 부모 밑에서 태어나고 자랐는지가 그렇게 중요한지 몰랐어요. 책, 미디어, 지인들을 통해 나를 돌아볼 수도 있는데…. 가정 환경을 탓하기에는 자기 의지로 충분히 올바른 어른이 될 수 있다고 생각하는데요."

"물론 가능하죠. 그러나 심리학에서는 유년 시절 부모와 자식의 애착 관계가 한 사람의 인생에 지배적인 영향을 끼친다고 봐요. 아이에게 부모는 태어나서 처음으로 대하는 작은 사회예요. 사회성, 애착 관계, 가치관까지 절대적인 영향을 받으니까요."

잠시 나의 부모님을 생각했다. 그러고 보니 내가 옳다고 믿는 가치관, 종교, 정치 성향까지 부모님의 영향을 받지 않은 게 없었다. 스펀지처럼 그대로 흡수한 것도 있고 부모님의 생각에 반(反)하여 자리 잡은 세계관도 따지고 보면 그 기준은 부모님이었다. 선생님은 이어 말씀하셨다.

"상대방 문제를 내 배에 태우지 마세요. 나는 내 배의 키를 직접 잡고 항해를 하는 선장이 되어야죠. 내 인생인데요. 남자와 부모님 사이 갈등, 부모님을 바라보는 남자의 복잡한 심정을 내가 끌어안고 고민해야 할 이유는 없어요. 내버려두세요. 그 남자가 20년 전에 해야 했던 정서적 독립을 이제 와서 하느라 부딪치는 여러 가지 갈등은 남자친구 몫이에요. 형경 씨 배에 타인의 걱정거리를 가득 태울 필요가 없는 겁니다. 그건 두 분 모두에게 아무런 도움이 되지 않아요. 오히려 내가 사사건건 남자친구를 지적하면서 불필요한 감정 소모만 지속될 뿐입니다."

상대방 문제는 상대방이 해결하도록 맡겨놓고, 관계에 매몰되어 나 자신을 잃어버리지 않도록 해야 한다는 선생님 말씀을 마음속으로 되새기며 상담을 마쳤다. 그 사람 문제를 내 인생의 배에 태우지 않아야 한다는 말에 반신반의했다. 나와 상관없는 남이라면 적당히 신경 끄고 내 에너지를 낭비하지 않으련만, 상대가 사랑하는 사람이었기에 그 자리에서 쉽게 수긍할 수가 없었다.

  선생님의 깊은 뜻은 상담을 완전히 마친 후, 인생의 폭풍우가 지나간 이후에야 깨달을 수 있었다. 결국 내 인생의 문제를 해결할 수 있는 건 변화할 의지가 있는 자기 자신 외에 아무도 없다는 사실을.

○
불행을 끌어당기고 있던 나

상담을 하는 동안 전보다 자주 '이별'을 떠올렸다. 상담 선생님은 절대 은연중이라도 이별을 권유한 적이 없었다. 헤어지지 않기 위해 심리 상담을 시작했는데, 아이러니하게도 이별에 성큼 가까워진 기분이 들었다. 그의 뒷모습을 혼자 물끄러미 쳐다보면서, 그가 축구를 하다가 다친 발톱을 바라보면서 까닭 없이 가슴께가 저릿했다. '우리는 헤어질 것 같다'는 생각이 시도 때도 없이 머리에 스치면서 눈물이 차오르기도 했다.

  이해가 가지 않는 그의 행동, 버겁기만 한 그의 가족, 치명적인 단점들을 상담실에서 늘어놓으며 공감을 받았지만 상담실 밖에서는 사랑받아서 행복한 여자이기도 했다. 그도 그럴 것이 그저 나쁘기만 한 관계였으면, 우리 사랑의 온도가 서서히 식어가는 중이었으면, 내가 지푸라기라도 잡는 심정으로 상담을 받겠다는 결심은 하지 않았을 것이다.

나는 남자 앞에서 종종 네 살짜리 어린아이가 되곤 했다. 양말을 가져다가 그의 눈앞에서 흔들면 그는 말없이 나를 앉혀다가 양말을 신겨주었다. 운동화를 신을 때면 편하게 신발을 신을 수 있도록 늘 매듭을 미리 풀어 한쪽 무릎을 꿇고 앉아 신발 끈을 묶어주었다. 난 그의 정수리나 어깨에 체중을 싣고 운동화를 신는 그 짧은 시간 동안 형언할 수 없는 포근함을 느꼈다. 그 순간 어린 시절 내가 아빠한테 느꼈던 든든한 울타리가 30년 만에 애인의 모습으로 재등장한 것만 같았다. 마치 태산처럼 든든하게 아이를 지켜주는 아빠의 모습이라고나 할까.

그와 헤어지면 제일 그리울 순간. 이 남자가 나를 스쳐간 수많은 애인들과 다른 차이점이 있다면 내게 아빠를 가장 많이 떠올리게 했다는 점이었다.

"선생님, 왜 저한테 부모님과 제 사이 관계가 어땠는지, 특히 아빠와 제 사이는 어땠는지 특별히 묻지 않으세요?"

"특별히 털어놓고 싶은 부녀 사이 문제나 부모님께 상처받아서 힘들었던 경험이 있나요?"

나는 나조차도 도저히 이해할 수가 없다는 표정을 지으며 천천히 고개를 저었다.

"아니요. 없어서요. 아무리 생각해도 제가 부모님께 특별히 받은 상처는 없어요. 만약 남자가 저랑 이토록 맞지 않는 짝이고, 그럼에도 제가 온 힘을 다해 이별을 늦추고 있는 거라면 제 성장 과정에도 분명히 문제가 있는 것 같아서요. 어릴 때 아빠의 사랑을 받지 못하고 자란 여자들이 나이 차이가 많이 나는 연상 남자에게 끌린다거나, 술주정뱅이처럼 무능한 아빠를 욕하면서도 비슷한 남자를 만나서 엄마와 비슷한 인생을 살게 된다는 이야기 같은 건 저도 책으로 많이 읽어서 알아요. 부모와 자식 사이에 비정상적인 애착이 자리 잡으면 자식의 성격 형성에 얼마나 지대한 영향을 미치는지 책이나 매체에서 많이 접했어요."

"네, 그렇지 않아도 그간 형경 씨에게 받아왔던 질문이나 사용하는 단어를 보아 심리학에 관심이 많다고 생각을 한 적은 있습니다. 계속 고민하고 생각하고 자기 성찰이 습관화되어 있다고 생각했어요."

"뭐, 심리학 전공자는 아니지만 워낙에 사람 감정과 무의식에 관심이 많아서 책이나 매체로 좀 닥치는 대로 보고 제 일상과 연결해 생각하는 편이거든요. 그런데 아무리 생각해도 답을 내릴 수 없어요. 저는 결핍 없는 사랑을 받은 딸이거든요."

선생님은 고개를 끄덕이며 왜 진로를 바꾸면서까지

글을 쓰고 싶어 하는지 알 것 같다는 말씀을 덧붙였다. 다면적 인성검사의 결과를 한 번 더 설명해주시며 나보고 행간을 읽어내는 능력이 뛰어나다고 했다. 또한 그런 부분이 그와 내가 아주 다른 부분 중 하나라고도 설명했다. 즉 그는 '배가 고프다'라는 말을 들으면 어떤 의심 없이 상대가 배가 고프다고 생각하는 기질을 타고났다고 했다. 그러나 나는 본능적으로 '아, 지금 지루하다는 걸 배고프다고 에둘러서 표현하는구나', '집에 가고 싶다는 말을 돌려서 얘기하는구나'라고 알아차린단다. 물론 이 차이가 잘나고 못나고, 옳고 그른 문제는 아니라고 힘주어 말씀하셨다.

 난 그제야 그동안 그의 눈치 없는 행동을 왜 그렇게 답답하게 느꼈는지 원인을 알았다. 눈치 제로에다 상대방의 검은 의도를 선의로 생각하는 그를 두고 이용당하기 딱 좋은 바보라고 비난했었다. 그는 또 나를 두고 생각이 너무 많다고, 너무 피곤하고 복잡하다며 혀를 내

둘렀었다. 우리 관계를 벤다이어그램으로 표현하자면 점점 교집합의 면적이 줄어가고 여집합이 늘어났다. 서로 이해할 수 있는 부분이 줄어든 남과 여는 이별을 체감할 수밖에 없을 것이다.

나는 다면적 인성 검사지에서 눈을 떼고 다시 선생님을 바라보았다.

"네, 말씀해주신대로 저는 사람의 심리나 감정, 자기 분석에 능한 사람이니 상담을 받으면서도 다시금 책을 찾아보고 제가 어쩌다가 이 지경에 왔는지 계속 생각했어요. 많은 심리 전문가들은 한 인간의 문제를 대부분 부모에게로 귀결시키더라고요. 뭐 파헤쳐보면 결국 다 엄마 때문에, 부모가 그리 키워서라고…. 저번에 선생님께서 말씀하셨죠."

"그래요. 부모란 아이가 태어나서 처음으로 맞닥뜨리는 사회관계이기 때문에 그럴 거예요. '아이에게 부모란

한 우주와 같다'는 말은 전혀 과언이 아니지요."

"그런데 그렇다면 더더욱 이해가 가지 않아요. 저는 아빠랑 정말 사이가 좋거든요. 책 이야기, 정치 이야기, 사람 사는 이야기를 자주 해요. 그렇다고 해서 '연애' 같은 사적인 얘기를 터놓는 건 아니지만요. 지금도 어린 시절 아빠랑 오목을 두었던 기억, 아빠의 목말을 탔던 기억, 아빠를 따라 겨울에 뒷동산을 올라가서 눈밭에 뒹굴었던 기억으로 가슴이 벅차오를 때가 있어요. 저는 정말 행복한 유년 시절을 보냈죠. 소위 부모의 이혼으로 인한 트라우마, 아버지의 부재로 인한 트라우마도 저와 거리가 멀어요. 그렇다면 저는 왜, 도대체 무엇 때문에 이렇게 힘든 연애를 하면서 심리 상담까지 온 걸까요."

말하고 나니 머릿속에서 생각이 맴돌 때보다 훨씬 억울했다. 성인의 트라우마, 내 안에서 울고 있는 내면 아이, 비정상적인 애착 관계 같은 건 나와 상관이 없다고 확신했기에 더욱 더 혼란스러웠다.

"아버지의 사랑을 듬뿍 받고 자란 딸이었군요. 아마 남자분의 모습에 아빠 모습이 투영되지 않았나 짐작해봅니다."

아, 그렇구나. 나는 고개를 떨구었다. 또 갑자기 주체할 수 없는 눈물이 흘렀다. 내가 그를 포기하지 못했던 이유가 그에게서 읽어낸 아빠 모습이라고 생각하자 가슴에 구멍이라도 난 것처럼 허전했다.

결국 잘못된 퍼즐을 맞추는 건 어린 시절 아버지에게 받지 못한 사랑을 연인에게 기대하는 여자뿐만이 아니었다. 나 역시 남자에게서 아빠 모습을 찾아 운명이라 여기며 불행을 끌어당기고 있던 것이다.

제 아무리 이상한 연인을 만났어도 초반 한두 달 동안 행복하지 않은 연인이 어디 있을까. 그러나 싸움이 반복되면 처음 기억은 점차 퇴색하고, 불행이라는 불덩

어리를 손에 들고 뜨거워서 어찌할 줄 모르는 상황을 맞닥뜨리기 마련이다. 성숙하고 우아하게 깨끗이 헤어질 수 있는 시간을 스스로 놓쳐버렸다.

내가 자꾸 '우리 좋았잖아. 너 처음에 이런 사람 아니었잖아'를 외치면서 좋았던 때로 되돌릴 수 있다고 착각한 내 문제였다. 나는 상담실 의자에 발이 묶인 채로 또 한참을 울었다.

○
새로 태어나는 느낌

매주 상담을 이어가던 나와는 다르게 그는 세 번째 회차부터 나와 하는 데이트나 가족 모임 등을 핑계로 상담을 한 주씩 미루었다. 그동안 성실했던 그의 행동과는 전혀 다르게 상담을 뒷전으로 미루는 그를 보면서 상담을 중단하는 게 아닐까 조마조마했는데 아니나 다를까, 통화를 하던 중 그는 불현듯 상담을 더 하고 싶지 않다고 통보했다.

"아니… 왜? 이러면 상담을 안 한 것만 못하지. 이왕 서로 적극적으로 관계를 개선하기로 했으면 끝장을 봐야 할 것 아냐."
"아냐, 그만 해도 될 것 같아. 돈 아까워. 뭐 딱히 해주는 말도 없어. 황금 같은 토요일 오전에 상담하자고 강남까지 매주 가야 하는 것도 그렇고…. 그냥 그 돈으로 맛있는 거나 사 먹자."

"뭐야, 이제 와서. 한 달 전까지만 해도 상담 시작하길 잘한 것 같다며. 그런데 갑자기 돈이 아깝다고 그만둬? 고작 네 번 상담실을 찾았을 뿐이잖아. 아무런 결과를 얻지도 못하고 깨달음도 없이 그만두는 게 더 돈 아깝지 않아? 시작 안 한 것만 못하잖아."

"처음에는 좀 신기하기도 하고 복잡한 머리가 정리되는 것 같았는데 뭐 상담에서 특별히 얻는 게 없어서 그래. 주 1회씩이면 한 달에 40만 원이나 쓰는 건데. 너무 비싸."

그의 경제 사정을 뻔히 알았던 터라 매주 10만 원인 상담비가 부담이 된다는 말에 더 할 말을 잃었다. 그러나 10회에서 20회 사이로 상담이 진행될 거라는 사전 조사 후 상담을 시작했기에 이제 와서 주머니 사정 운운하는 건 핑계로밖에 들리지 않았다.

그가 화제를 돌렸고 내가 그의 마음을 돌릴 방법은 더 없어 보였다. 그와 그렇게 통화를 끝내고 나니 마음이 마냥 무거웠다.

차라리 소리 지르고 울고 불고 싸울 때가 그리울 만큼 그를 향한 애정이 한 움큼씩 자꾸 떨어져나갔다. 강도 높은 비난과 짜증을 그에게 쏟아내며 헤어지자고 말하면서도 헤어지지 못할 때도 있었다. 헤어지면 내가 죽을 것 같아서, 이렇게 헤어지면 그도 곧 죽을 것 같아서, 나 말고는 그를 이해해줄 사람이 없을 것 같은 측은지심이 가득 찼던 때가 고작 몇 주 전이었다. 이제는 나 스스로도 믿을 수 없을 만큼 그에게 향하던 뜨거운 열정이 미온해졌다. 마지막 희망일지도 모르는 상담마저 포기하다니 그 역시 우리의 끝을 예감한 걸까.

나는 그동안 우리 둘이 서로 손을 마주 잡고 같은 곳을 바라보면서 인생을 함께할 운명이라고 철석같이 믿었다. 지향하는 점은 같지만 서로 너무 다르고, 방법이 서툴러서 마음과 다른 말을 하며 상대를 찌르는 거라고 믿었다. 가끔 이별을 떠올렸어도 끝까지 같이 가고 싶다는 바람이 없었다면 여기까지 관계를 끌고 오지도 않았다. 상담 치료는 돈 걱정에 매일 불안했던 백수가 선택했던 가장 적극적인 해결책이었다. 반면 상담을 차일피일 미루더니 결국 중단하는 그를 보면서 나는 우리가 서로 등을 돌린 채 다른 곳을 보고 있었다는 걸 깨달았다. 고작 상담비가 아까워서 관계를 포기해버리다니…. 돈 문제라면 내가 남자보다 더 쫄리지 않겠는가.

최근 약 10년 동안 정신 분석이나 심리 상담을 받는 현대인들이 많아졌다고 한다. 이는 수십 년 전에 비해 마음이 아픈 사람들이 많아졌기 때문이 아니라, 심리 상담으로 가는 문턱이 많이 낮아졌기 때문이리라. 소설이나 드라마의 형식을 빌려 심리 상담 내용을 담은 창작품이 쏟아져 나오고, 많은 정신과 전문의들이 대중

매체에 나와서 말한다. 우리 마음을 들여다보라고, 마음이 아플 수도 있다고.

나는 순탄치 못하고 지랄 맞기만 한 연애 문제를 계기로 심리 상담 센터를 방문했지만, 상담 덕분에 '나'라는 사람을 처음 알아가는 기분이었다. 상담을 받을 때마다 새로 태어나는 느낌이랄까.

친한 동생에게 상담 내용을 공유하며 '나 오늘 상담 뽕 맞으러 가'라는 메시지를 보낼 때는 내게 이렇게 여유가 생겼구나 하고 실소를 터뜨리기도 했다. 상담실 문을 두드릴 때 실타래처럼 엉켰던 생각의 고리가 상담실을 떠나면서는 말끔히 정리되었다. 정리되다 못해 머릿속이 텅 빈 것 같아 상담이 끝나면 서둘러 커피숍에 자리를 잡아 기억나는 대로 대화 내용을 적으며 홀로 되새겨보곤 했다.

연애 문제를 계기로 내 가치관, 불안, 인생을 마주하는 자세 등을 전문가와 함께 처음으로 자세히 들여다보았다. 지금도 단언할 수 있는데, 태어나서 제일 잘한 일 중 하나가 남들은 시답잖은 문제라고 생각할 수 있는 연애 문제로 상담실 문을 두드린 일이었다.

반복되는 싸움을 겪으면서도 그와 헤어지고 싶지 않을 때, 친구들을 붙잡고 하소연한 이유 하나는 타인의 객관적인 판단이 필요했기 때문이었다.
'나는 내 말이 맞는 것 같은데, 너희들은 어떻게 생각하니, 내가 말이 심했니. 이전에는 연애가 이렇게 힘들지 않았어. 너희들도 알지? 서로 이성과 감정을 적절하게 섞어가며 대화하다가 결국 한쪽이 다른 한쪽에 설득당했는데 이번 연애는 왜 그게 안 되는 거니. 내가 문제인 거니. 걔가 이상한 거니.' 나는 친구들 앞에서 오열했다.
친구들은 모두 그가 이상하다고 했다. 나도 그가 이상한데, 내 주위에서도 내 문제가 아니라고 하니 그와 헤어지면 이런 구질구질한 감정 소모를 더 하지 않아도 되고 깔끔하게 잘 정리됐으련만 내 감정이 생각대로 움직이지 않았다. 결국 친구들 눈에는 남자보다 내가 더 이상했을 것이다. 모르면 몰라도 이상한 줄 알면서 사귀는 내가 친구들 눈에는 나답지 않았을 테니까.

상담 선생님은 접근법이 달랐다. 화나는 내 감정을 정확히 이해하면서도 남자의 행동을 지적하거나 비난하는 게 아니라 그가 왜 그런 행동을 하는지 나에게 설명해주었다. 그의 행동을 이해하라고 하지도 않았고 비난하지도 않았다. 판단과 선택은 오로지 우리 둘의 몫이었다.

그런데 이렇게 내가 마지막으로 붙들었던, 나의 마지막 화살을 제멋대로 부러뜨리다니. 상담을 돈 지랄이라고 말했던 그를 떠올리며 나는 속으로 '네 존재 자체가 내 인생에 지랄이야'라고 중얼거렸다.

○
그래야 행복할 수 있다고 믿으니까

갑자기 상담을 그만두겠다고 한 그의 말을 곱씹으며 혼란스러운 마음으로 상담실을 다시 찾았다. 내 마음이 이런지도 모른 채, 그는 상담을 그만두는 이유를 선생님께 대신 잘 설명해달라고 부탁했다.

"남자친구가… 앞으로 상담이 힘들 것 같다고 전해달라네요. 별로 도움이 되는 것 같지 않다고, 그만 받아도 될 것 같다면서 스스로 상담을 종료하겠대요."

마지막 인사조차 스스로 하지 못하고 타인에게 미루는 그가 한심하기 그지없었다. 상담 초반에 내심 기대했던 커플 상담은 물 건너갔다. 나는 선생님께 참담한 심정을 토로했다.

"참 웃겨요, 선생님. 저는 절박해서 이곳을 찾았거든요. 그 남자가, 제가, 우리 관계가 너무 절박했어요. 진짜 관계가 좋아진다면야 그깟 상담비 따위는 아무것도 아니라고 생각했거든요. 돈 좀 들여서 전문가에게 코칭을 듣고 내가 바뀌고, 우리가 바뀌고, 인생이 바뀌면 그야말로 성공한 거 아닌가요."

자조적인 웃음을 섞어가며 불만을 털어놓는 나를 선생님이 가만히 지켜보았다. 나는 계속했다.

"상담 내용을 공유하지 말라고 하시니 입이 근질거리면서도 참았지만 그와 싸우면서 따져 묻고 싶은 게 한두 가지가 아니었어요. '대체 선생님이 너한테 무슨 말씀을 하시는 거냐. 너는 왜 상담을 받으면서도 변하는 게 없냐, 왜 하나도 달라지는 게 없냐'고 목까지 올라오는 그 말을 참느라 혼났어요. 입으로는 '돈이 중요하지 않다,

돈은 벌면 된다'고 말하면서 정작 돈이 아까워서 그만두는 게 가증스러워요."

실로 내가 못마땅해하는 남자 성격이 습관성 회피였다. 힘들면서 안 힘든 척, 괜찮지 않으면서 괜찮은 척하는 모습이 처음에는 매력적이었다. 내가 꿈꾸는 진짜 어른의 모습으로 보였다.

나처럼 걱정 많고 미래에 대한 불안을 오늘로 끌어오는 사람이 볼 때 "나는 괜찮아, 나는 할 수 있어"라고 말하는 그는 경외심마저 불러일으키는 사람이었다. 그러나 그와 함께하면서 그가 하는 말들이 '가짜' 긍정의 주문임을 깨달았다.

평소에 그는 남을 부러워하는 법이 없었다. 또래 친구들이 중형차나 외제차를 턱 하니 끌고, 주변 선배들이 하나둘씩 결혼하여 좋은 집에 사는 모습을 보아도 초연한 듯 보였다. 혹시나 그가 의기소침해할까 봐 "신경 쓰지 마, 우리도 열심히 살면 되지"라고 미리 그의 마음을 헤아려 선수 치면, 단 한 순간도 망설임 없이 전혀 부럽지 않다고 대답했다. '돈이 뭐가 중요하냐, 돈이야 벌면 되고 하루하루 행복하게 살면 된다'는 그 말이 거짓으로 드러난 건 그가 술에 취했을 때였다.

"평생 개처럼 일했는데 돈이 모이지 않아서 돌겠다."
"뭘 또 개처럼 일했다고 폄하하고 그래. 나야 회사가 싫어서 나왔지만 오빠는 하고 싶은 일 해서 행복하다며."
"너는 나처럼 부양 의무 없이 하고 싶은 일 하겠다고 회사 때려치울 수 있어서 좋겠다, 응?"

아무리 취중이라지만 그 행간에 진심이 보이는 것 같아서 씁쓸했다. 부러운 걸 부럽다고 말하지 못하고 타오르는 질투를 외면한 채 가슴 속에 꾹꾹 눌러 담은 감정은 터지기 마련이다. 내가 첫눈에 반했던 그의 당당한 모습, 밝고 긍정적인 모습이 가면이고, 마음 깊은 곳에 속이 곪아 터진 어린아이를 품고 있다는 걸 알았을 때 그가 참으로 가여웠다. 그러나 그가 끝내 자기 속마음을 외면할 때는 측은지심이 사라지고 그의 미련함에 한숨이 터져나왔다. 꼭꼭 숨겨봐야 잘못된 방향으로 쌓인 울분과 질투는 곧 터져 나올 텐데 본인만 그걸 모르다니.

진실을 마주하지 않는데 상담이 제대로 되었을 리가 없다. 현재 상황을 정확하게 바라보고 인정하는 힘에서 '진짜 긍정'이 나온다는 걸 나는 남자 옆에서 깨달았다.

"혹시 남자친구가 돈이 아주 많은 사람이었다면 상황이 달랐을까요?"

선생님의 질문이다. 그래, 돈은 인생의 많은 불편함과 불행을 단박에 해결할 수 있는 힘이 있지. 나도 잘 안다. 선생님은 혹시라도 돈 얘기에 내가 불편함을 느꼈을 거라고 생각했는지 서둘러 부연 설명을 해주셨다.

"제가 상담하는 커플 중에 형경 씨의 상황과 아주 비슷한 분이 있어요. 다른 점이 하나 있다면, 남자 분의 경제력이 아주 뛰어나다는 정도인 것 같아요. 워낙 남자가 돈을 잘 벌고, 경제적인 여유가 있으니 남자가 자기 부모님께 생활비나 용돈을 챙겨드리는 문제가 수면 위로 떠오르지 않더군요. 돈은 가까운 사이에서 많은 문제를 일으키기도, 해결하기도 하는 수단이니까요."

"아니요. 돈 하고는 상관없을 것 같아요. 돈이 없어서 생긴 불편함이야 해결할 수 있겠지만 인생에 문제는 예기치 못하게 생겨나길 마련이고, 그 사람이 문제를 해결해나가는 방향이 저와는 다르다는 걸 깨달았으니까요."

나는 잠시 생각한 뒤 대답했다. 내 심리 상태를 반영

한 솔직한 생각이었다. 그런데 내 대답 속에서 자꾸만 남자와 내 사이에 끝이 보이는 듯했다. 돈이 아주 많았다고 하더라도, 그의 돈으로 좋은 집에서 멋진 차를 몰며 편하게 살 수 있다고 하더라도, 우리는 맞지 않았을 것이다.

영화 〈매트릭스〉를 기억하는가. 모피어스가 네오에게 두 가지 약을 내민다. "빨간 약을 먹고 진짜 세계를 볼 것인가, 파란 약을 먹고 진실을 외면한 채 지금 이 세계에 남을 것인가" 하고 묻는다. 만약 그와 내가 같은 질문을 받는다면 나는 빨간 약을 기꺼이 먹고 불편한 진실을 마주하며 살 사람이고, 그는 파란 약을 선택할 사람이다. 당연히 우리는 손을 맞잡고 같은 하늘을 보며 살아갈 수 없는 사람들이다.

그가 믿는 사랑은 복잡하지 않고, 같이 운동하고, 영화 보고 맛있는 거 먹고 먼 훗날을 그리며 '우리는 행복할 거야'라고 꿈꾸는 사랑이었다. 그와 달리 내가 정의하는 사랑은 여러 관계, 갈등, 돈과 진로 등 일상에서 생기는 문제를 함께 푸는 데서 시작했다. 그래야 행복할 수 있다고 믿으니까.

내 생각을 읽은 것처럼 선생님이 말씀을 덧붙였다.

"남자친구에게 생각하라고 하시면 안 됩니다. 제가 상담해보니 남자친구는 자신감이 높고 본인이 하는 일에 열정과 자부심이 넘쳐나요. 어떻게든 되는 대로 매일 혹은 매달 먹고 살 수 있는 사람이에요. 적어도 제 눈에 생활력은 분명히 있어 보여요."

"어떻게든 알아서 한다는 말처럼 무책임한 말이 어디 있어요? 생각하지 않고 문제를 해결할 수 있어요? 행복하고 싶다면 당면한 문제를 풀어야 할 거 아니에요."

"형경 씨가 기간을 정해야 해요. 어디까지 감당할 수 있는지, 기간을 정해서 내 마음을 계속 들여다보세요."

나는 만약 남자와 한 번 더 다투는 일이 생기고, 상담 전후로 말싸움하는 방식에 아무런 변화가 없다면 헤어지기로 마음먹었다. 드디어 헤어질 용기가 생겼다.

○
나는 괜찮았지만 괜찮지 않았다

우리 싸움의 끝에는 늘 이별 이야기가 오고 갔다. 연애 초반 한두 달을 빼고는 한 번도 이별 얘기가 오고 가지 않은 적이 없다. 별것 아닌 일로 의견이 충돌하면 늘, 항상, 남자 쪽에서 이별 이야기가 먼저 나왔다. 처음에는 헤어지자는 말에 상처도 받았지만 시간이 지나면서 깨달았다. 헤어질 마음의 준비도 없이 그저 습관처럼 내뱉는 말이었다.

나는 당시에 이별을 말하는 남자에게 네가 얼마나 후회할 행동을 했는지 마지막으로—수십 번째 마지막이었다—기회를 준다며 바로 헤어지지 못했다. 생각해보니 나도 정상은 아니었다.

나는 최근에 유튜브로 주식 강의를 듣는 남자를 보며

혹시나 하는 마음에 물었다.

"설마… 혹시… 주식 하는 거 아니지? 아니 뭐, 직장인이 자산을 불릴 방법으로 주식과 부동산이 대표적이라는 건 나도 알아서 반대는 안 하는데, 하더라도 빚내서 하거나 이러는 건 절대 아니야. 알지?"

"그냥 관심 있어서 보는 거야. 요새 이 주식이 뜬다고 하더라고."

"어, 근데 주식으로 돈 번 사람들 얘기만 듣지 말고, 주식하다가 망해서 자살 직전까지 갔다는 사람들 얘기도 좀 들어. 한탕주의에 빠지는 건 안 돼. 나 몰래 주식하지 마. 하더라도 종잣돈을 먼저 모아서 주식은 반드시 여윳돈으로 했으면 좋겠어."

"알아, 알아. 걱정하지 마. 너한테 거짓말 절대 안 해."

묻지도 않았는데 나한테는 주식이든 뭐든 거짓말을

전혀 하지 않는다며 '너 속이고 주식 했다가 싸우고 헤어지고 싶지 않다'는 말까지 덧붙이길래 그 말을 정말 믿었다. 그리고 며칠 뒤, 그의 휴대폰으로 함께 유튜브 동영상을 보면서 키득거릴 때였다. 카카오뱅크 대출이자 안내 문자가 날아왔다. 대출을 받았다고? 왜? 빚 거의 갚아가고 최근 몇 달 절약하면서 사는 모습을 보여줬는데 이건 뭐지?

"대출 이자 안내? 나 몰래 대출받았어?"

그가 입을 꾹 다문 채 내 눈을 피한다. 또 뒷목이 당겼다. 설명을 하지도 않고 딴청을 피웠다. 내 목소리가 다시 올라간다.

"뭐냐고? 이 문자!"
"아, 주식?"

"주식? 내가 며칠 전에 빚내서는 하지 말라고 신신당부했던 그 주식? 나한테 깍지 걸고 약속해놓고, '내가 거짓말하면 울 엄마 아들이 아니다'라고 말해놓고 대출을 받은 거야?"

"내가 도박을 했냐? 여자를 만났냐? 이게 다 돈 벌어보려고 주식 하는 거잖아."

"뭐? 도박? 여자? 그럼 목적이 수익 창출이면 네가 뒤로 무슨 짓을 해도 상관없어? 내가 알 권리가 없다고? 그렇게 빚내서라도 주식을 해야 했으면 대출받기 전에 싸워서라도 나를 설득했어야지. 이렇게 뒤통수치고 거짓말하면 내가 어떻게 믿어?"

"이게 왜 거짓말이야? 거짓말한 적 없어. 말을 안 한 것 뿐이지."

하아…. 나는 목까지 뻘게지고 눈에 실핏줄이 다 터진 채로 고개를 떨구었다. 더 싸울 힘도 없었다. 발끝까지 힘이 쭈욱 빠졌다. 안 되는 사람이구나, 얘는 안 되구나, 얘는 생각도 안 하고, 생각하는 걸 피곤해하며, 논리도 없고, 납득이 될 만한 이유와 감정도 토로하지 못하는 사람이구나. 이 사람을 놓아라, 그만 놓아야 한다. 그냥 행복을 빌어주고 나는 내 인생을 살아야 한다, 나는 계속 속으로 중얼거렸다. 삽시간에 분노가 가라앉고 이제 그에게 어디까지 가나, 무슨 말을 더 하나 알아보려는 심정으로 말을 이었다.

"이게 거짓말이 아니라고 네 양심을 걸고 당당한 거면 내가 할 말이 없어. 그런데 통장 잔고 0원으로 집도, 차도 여윳돈도 없는 사람이 대출을 받아서 주식을 하는 건 카지노 도박과 같아. 이제 나는 너에게 신뢰를 잃었고, 앞으로 무슨 말을 해도 못 믿을 것 같아."

"오죽하면 내가 그러겠냐? 네가 '주식'이라 하면 지랄을 하니까 내가 몰래 하는 거지."

"아, 그래? 또 내 탓이네? 그럼 상대방이 화낼 거 알면 그냥 다 몰래 해버리면 되겠다. 들키면 상대 탓하면 되는 거고."

"피곤하다, 피곤해. 뭐 너는 아무것도 못하게 하냐? 그냥 어련히 알아서 주식으로 돈 버나 보다 하고 모른 척하면 안 돼?"

"내가 피곤해? 그럼 여윳돈 0원인 남자친구가 대출받은 돈 천만 원으로 주식을 한다는데 여느 여자가 잘한다 잘한다 해? 돈 날리면? 돈 날리면 그때 가서 미안하다고 할래?"

"러닝(learning)한 거지. 레쏜 앤 런(lesson and learn) 몰라? 배우는 게 있으면 남는 거지."

"아, 어떻게든 넌 이유가 있구나. 이젠 부러울 정도네. 후회하지 않는 인생에다 어떻게든 자기 합리화를 찾아내는 인생이라 좋겠어, 아주."

이제 주식 문제가 점점 불거져서 서로 말꼬리를 잡으며 비아냥대기 시작했다. 상담을 받으며 우리 관계가 조금은 달라지지 않을까 하고 품었던 희망이 구겨져버렸다. 이제 이런 사람을 두고 미련 때문에, 정 때문에, 알량한 측은지심 때문에 관계를 붙들고 있는 나한테 화가 났다. 고개를 절레절레 흔드는 내 앞에서 남자가 선수를 친다.

"아, 넌 너무 피곤해. 무슨 생각이 그렇게 많냐. 남자가 주식 거래하겠다고 하면 믿고 따라오면 되지. 나 너랑 헤어지면 좋은 기억도 없고 피곤한 애 만났다는 기억밖에 없을 것 같아. 요새 안 행복해. 불행해. 데이트도 맨날 너를 일방적으로 맞춰주는 식이고. 어제 북카페 간 것도 재미 하나도 없었어."

"역시… 주식 얘기 하다가 다시 '너라는 애 최악이다'로 얘기가 튀네. 한번 들어나 보자. 어제 북카페도 맘에

안 들었어?"

"어, 그게 뭐냐? 하루 종일 책이나 읽고."

"아까는 좋다며. 나랑 있으면 다 좋다며. 그런데 또 그렇게 불행했어?"

"불행해!"

"그럼 왜 한 시간 반 전까지 신혼집으로 전세자금 대출을 얼마 받을까 같이 논의하고 떠든 거야? 이렇게 싫어하면서?"

"아, 몰라 몰라. 그냥 혼자 살래, 맘 편히."

이제 나는 그의 입에서 나오는 모든 말을 믿을 수 없었다. 30분 전에 영원한 사랑을 말하다가 주식 거래처럼 일상에서 해결해야 할 문제가 수면 위로 올라오면 생각하기를 거부하고 곧장 이별을 말하는 남자에게 내 인생을 걸 수는 없었다. 상담하는 동안 참았던 말들을 주고받았다.

이제 우리 앞에는 '진짜 이별'을 어떻게 덜 상처받으면서 할 수 있는지 생각하는 일만 남았다. 적어도 이 관계의 시작과 끝에서 천국과 지옥을 맛본 인생의 주인공으로서 내 이별만큼은 감정의 앙금을 남기지 않고 성숙하게 마치고 싶었다.

○
할 수 있는 모든 걸 다했기에

그렇게 싸우고 다시 한번 '우리 관계를 서로 진지하게 고민해보자'고 말한 지 3일 만에 맞는 주말이었다. 간만에 집에서 데이트를 했다.

  주말이면 연극이나 영화를 즐기기도 하고 당일치기로 인천이나 춘천의 맛집을 찾아다니곤 했었는데 모처럼 집밥이 먹고 싶어졌다. 나는 부지런히 재료를 다듬으면서 소파에 누워 열심히 휴대폰 게임에만 열중하는 그를 흘끗 쳐다보았다. 요리를 하지 않아도, 숟가락이라도 좀 놔주면 좋으련만. 빈말이라도 뭐 도와줄 거 없냐는 질문이라도 해주길 은근 기대했다.

  그러나 나의 기대가 무색할 만큼 그는 휴대폰에서 눈을 떼지 않았다. 아예 내 쪽을 쳐다보지도 않았다. 한마디 하려다가 참고, 잔소리를 하려다가 참았다. 파스타가 다 됐으니 테이블 좀 세팅해달라는 말을 세 번이나 되풀이하는데도 휴대폰에서 눈을 떼지 않았다. 나는 참다 못해 가스불을 끄고 그에게 소리를 질렀다.

"지금 뭐하는 거야? 여기 식당이야? 내 집에 밥 먹으러 왔어? 내가 알아서 다 세팅하고 음식을 갖다 바쳐야 해? 내가 벌써 몇 번을 말했어? 요리를 전혀 못하는 것까지는 내가 뭐라고 안 하지만 테이블이라도 좀 정리하고 도와줄 거 없는지 물어도 보고 그렇게 해달라고. 근데 휴대폰만 한 시간째 붙잡고 몇 번을 불러도 대답을 안 해?"

숨도 쉬지 않고 하고 싶었던 말을 쏟아내자 그제야 그가 머쓱한 표정으로 주방으로 걸어왔다.

"뭐 어쩌라고. 숟가락 놓으면 돼?"

이미 나는 김이 샜다. 내가 무엇 때문에 이렇게 갑자기 화가 났는지 스스로도 납득이 되지 않았다. 쌓인 감정이 폭발한 건 분명한데 명확한 이유를 댈 수 없었다. 지난 싸움에서 남은 상처가 곪아 터져 나왔다. 난 앞치마를 벗고 식탁 의자에 아무렇게나 앉아 머리를 감싸 안았다.

"아, 정말 버겁다."

그가 소파에서 일어나 엉거주춤 선 채로 버겁다는 말을 내뱉었다. 다시 무한반복이 시작될 참이었다. 우리 싸움은 늘 그가 버겁다는 말을 하며 더 불이 붙었다. '버겁다'라는 한탄으로 시작되어 순식간에 '내가 어디까지 맞춰줘야 하는지 모르겠다, 너를 만나서 행복하지 않다, 아니 행복한데 행복한 것보다 버거운 게 더 크다'로 시작하는 그의 푸념은 삽시간에 부모님 문제로, 돈 문제로 화제를 옮겨가며 내 자존감에 상처를 내곤 했다.

이전에 만났던 다른 연애 상대들과도 다툰 적은 있었지만 이런 식으로 대화하지는 않았다. 그런데 그는 대화할 때 싸움의 원인이 된 문제를 파악하고 해답을 찾는 게 아니라, 모든 걸 부정하고 문제를 회피했다. 그런 그의 대화 방식에 나는 늘 멘탈이 무너졌다.

청소하는 문제로 싸우거나 운전 습관을 지적해도 항상 문제가 엉뚱하게 튀었다. 갑자기 '행복하지가 않다, 열심히 일해서 돈 버는데 왜 너한테 이런 무시를 당해야 하냐, 이렇게 부모님 반대까지 무릅쓰고 무슨 부귀영화를 누리려고 네 옆에 있는지 모르겠다'는 등 불평을 늘어놓으며 폭탄을 터뜨렸다. 그 때문에 남들은 몇 마디 아옹다옹하다가 미안하다고 사과하고 넘어갈 해프닝을 두고 우리는 반나절 이상 싸워야 했다.

자, 이제 네가 버겁다는 얘기로 시작했으니 또 이것저것 감정의 풍선을 바늘로 터뜨리겠지. 그렇게 생각하기 무섭게 그동안 말도 없이 휴대폰 게임에만 집중하던 그가 불만을 줄줄 늘어놓는다.

"누가 너를 버리냐, 응? 뭐 이렇게 시키는 게 많아. 너 맞춰주기 진짜 버거워. 맨날 주말에 영화 봐야 해, 연극 봐야 해, 걷는 건 또 더럽게 좋아해서 계속 같이 걸어줘야 해."

남자의 말이 맞다. 나는 예민하고 까탈스럽고 아닌 건 아니라고 지적하는 여자다. 요리를 못하는 너를 위해 내가 요리를 하면 테이블 세팅 정도는 굳이 말하지 않더라도 상대방이 해야 한다고 생각하는 사람이다. 하지만 고작 점심 식사 준비하는 문제로 몇 번씩이나 말했는데 듣질 않아 한마디 했더니 버겁다는 그에게 나도 진절머리가 났다. 예전의 나와는 다르게 남자가 하는 말에 일일이 반응하지 않고 그냥 바라만 봤다. 그는 멈

추지 않았다.

"너랑 있으면 얼마나 피곤한 줄 알아? 너 때문에 부모님하고도 사이가 서먹해졌지. 내 인생이 이게 뭐냐 응? 솔직히 내가 너랑 안 헤어지려고 알겠다고 넘어갔지만 난 지금도 우리 부모님이 뭐가 그렇게 이상한 사람들인지 모르겠어. 아들이 부모님한테 효도하는 건 당연한 거고, 노후가 걱정되니까 아들한테 용돈 달라는 건데 우리 부모님이 뭐가 그렇게 잘못됐어. 네가 이상한 거야."

바로 얼마 전까지 부모님과 자식 사이에 건강한 거리를 두고 살지 않았던 걸 후회한다며 고맙다는 말을 한 남자가, 두 시간 전까지 내게 사랑한다는 말을 하던 남자가, 매주 주말 데이트로 재밌게 보내니 행복하다고 했던 남자가 사실은 그게 다 거짓이었다고 말하고 있었다.
나의 연인으로서 너무나 불행하다는 한 남자의 사자

후가 내 귀를 울렸다. 혼자 게임하고 놀지 말고 식사 준비를 도와달라는 내 섭섭한 투정에 그의 대답은 내가 얼마나 별로인 사람인지 구구절절한 설명을 곁들인 억지였다.

늘 같은 패턴이었다. 내가 화내고 소리 지르면서 지금 무슨 말을 하는 거냐고, 뇌가 있으면 제발 아무 말이나 지껄이면서 상처 주지 말라고, 울고 소리 지르고 헤어지자고 하고, 상대방이 사과하고 용서를 빌면 또 관계를 이어나가곤 했다. 그래, 진심이 아닌 습관성 막말을 이해하자, 내가 품고 살자고 생각하면서 네 말대로 어쩌면 내가 이상한 사람일지도 모른다는 생각을 하며 관계를 버텨왔다.

나는 오늘에서야 그 지긋지긋한 뫼비우스의 띠를 마침내, 스스로 끊기로 했다.

"네 말이 다 맞으니 우리 이제 그만 하자. 너도 버겁고,

나도 버겁고, 이제 힘든 관계에서 벗어나서 좀 편해지렴. 오빠 말대로 오빠도 이 관계를 위해 최선을 다한 것 같고, 나도 할 만큼 한 것 같아. 반복되는 싸움에, 우리도 변하는 것 없으니 이제 그만 놓자."

그는 갑자기 차분한 내 말에 당황했는지 나를 가만히 바라보았다. 말도 안 된다는 표정으로 묻는다.

"진짜야? 네가 나랑 헤어질 수 있다고?"
"어, 진짜야."

나는 화내지 않았고 화가 나지 않았다. 그가 자꾸 진심으로 하는 말인지 자신 있는지 물었다. 화가 나서 한 소리라며 사과했지만 그럴수록 마음을 단단하게 굳혔다.
사람은 변할 수 있다. 단 본인의 의지가 있을 때만. 그는 변하지 않았다. 이제는 내가 변할 차례다. 처음에 내가 바랐던 대로 서로를 원망하는 최악의 이별만은 피한 채, 남자와 그날 그렇게 예견된 이별을 맞이했다. 할 수 있는 모든 걸 다했기에 후회조차 없었다.

○

여자 나이 30대는
정말 아름다운 나이

수요일 오전 열한 시. 다시 상담하러 가는 날이다. 남자와 완전히 끝내기로 하고 상담실을 찾았기에 기분은 계속 처진 상태였다. 상담이 진행되는 동안 한 계절이 바뀌었고 돌파구를 찾던 내 연애도 마침표를 찍었다. 아무리 마음 한편에 잘 헤어지고 싶은 마음이 있었다고 해도, 막상 서로의 민낯과 다름만 확인하고 끝이 나니 허무한 건 여전했다.

하지만 이별은 이제 시작이었다. 커플링을 비롯해 그에게 받은 물건을 정리했다. 둘 사이 추억을 공유하며 랜선 보물 창고로 쓰던 네이버 밴드마저 탈퇴했다. 그동안 수없이 헤어지자고 말했으면서도 헤어지지 못했는데, 드디어 마지막이라는 게 실감이 났다. 우리끼리만 주고받던 커플 메신저까지 탈퇴하자 아쉽고 서운한 감정이 아주 조금 올라왔다.

추억이여, 안녕. 좋은 것만 간직하자고 마음을 자꾸 고쳐먹었다. 이별과 상관없이 회사에 출근해야 하는 고정된 일상이 있는 그가 샘이 날 지경이었다. 좋겠다, 너는. 나를 바쁜 일로 잊을 수 있어서. 한편 나는 글에도, 책에도, 시간 때우기 좋은 미드에도 집중하지 못했다.

괜찮다가도 시도 때도 없이 그를 향한 분노가 불끈불끈 차올랐다. 베개에 머리만 대면 잠에 빠지던 내가 밤새 잠을 이루지 못했고, 한낮에는 닭처럼 앉아서 졸았다. 여러 복잡하고 메마른 감정을 안고 마스크 아래 눈물 자국과 푸석한 피부를 숨긴 채 상담실에 도착했다.

근황을 묻는 선생님께 며칠 전 있었던 끝장 싸움에 대한 얘기를 조금 풀어놓았다. 선생님 얼굴을 보자마자 고자질하듯 헤어졌다는 말을 꺼내고 싶지는 않았다.

"참, 사람은 안 변한다는 말이 맞나 봐요. 이 관계를 소중히 지키고 싶어서, 놓치고 싶지 않아서 심리 상담까지 생각했지만 결국 변하는 건 없이 시간만 흘렀네요."

"초반에 말씀드렸죠? 계속 감정의 업다운을 겪으면서 관계를 지켜보기만 하면 결국 만남과 헤어짐의 큰 간극 속에서 일희일비하며 감정을 낭비할 거라고요. 그래서 심리 상담을 하면서 '이 관계를 어떻게 이끌어나갈 것인가'라는 명제만큼 중요한 것이 '언제까지 이 관계를 지속할지 데드라인을 정하는 것'이라고 했죠. 3개월인지 6개월인지 스스로 정하셔야 한다는 말씀을 드렸습니다."

"네, 끝이 얼마 남지 않은 것 같아요."

"헤어지기로 마음을 굳히셨나요?"

"네…. 사실은… 며칠 전에 헤어졌어요."

이번 상담에서 헤어짐을 선언할 줄은 몰랐는데, 문답을 주고받다가 결국 관계가 끝이 났다며 실토했다. 선생님께서 자리에서 일어나 책상에서 내 이름이 적힌 차트를 가져오셨다. 다면적 인성검사 결과지를 두고, 나와 남자가 얼마나 성향이 다른지 한참을 설명해주셨다. 옳고 그른 문제가 아니라고 했다. 정상과 비정상의 싸움이 아니라는 말도 덧붙였다.

"이전에도 말씀드렸지만 남자친구 분은 생활력이 뛰어난 사람이에요. 빚이 얼마가 됐든 간에 자기 가족 굶기지 않고 상황에 따라 대응하며 생활하실 분이라고 생각합니다. 그에 반해 형경 씨는 계획을 세우면서 사는 분이죠. 3개월, 6개월, 1년 뒤를 생각하면서 목표에 따라 오늘의 불편함을 기꺼이 감수하는 삶을 살잖아요. 따라서 성향이 전혀 다른 남자 분께 이런 저런 세세한 사항을 부탁하면 남자는 손사래를 쳐요. '아 몰라, 몰라. 난 그렇게 안 살아. 피곤해. 뭘 이렇게 요구하는 게 많고 하라는 게 많아'라면서요."

"어…. 네, 맞아요. 옆에서 보신 것처럼 잘 아시네요."

울지 않을 거라고 결심했는데, 또 눈물이 뺨을 타고 흘러내렸다. 나는 처음 사랑에 눈멀었던 이유에 배신당해 이별을 맞이했다. 내가 반했던 그의 긍정적인 태도는 알고 보니 현실 회피였고, 당당해보인 그의 자신감은 주위 인정에 목말라하며 만든 껍데기일 뿐이었다.

행복한 척하는 사람과 진짜 행복을 느끼는 사람, 자존감이 높은 척하는 사람과 진짜 자존감이 높은 사람을 판별할 수 있었다면 나는 과연 여기까지 관계를 끌고 왔을까?

"정말 마음을 굳히셨나 보군요. 잘 결정하셨습니다. 응원할게요. 여자 나이 30대는 정말 아름다운 나이예요. 귀한 인연을 만나서 소중한 사랑을 했다는 경험을 절대 잊지 마세요. 앞으로 더욱 빛나는 인생을 살아갈 분이라 믿습니다. 마음 잘 추스르시고, 다음 상담 시간에 뵐게요."

○
네 잘못이 아니다

몇 주가 흘렀다. 그 시간 동안 감정의 기복을 겪었다. 화가 나고 그리워하기도 했지만 차츰 일상에서 안정을 찾아가고 있었다.

미뤄두었던 상담 약속을 다시 잡았다. 늘 옷을 어두운 색 계열로만 입고, 비비크림도 제대로 바르지 않은 채 상담실을 찾다가 모처럼 화장도 하고 옷도 봄에 맞추어 화사하게 입었다. 내친 김에 미용실에 가서 펌도 했더니 내가 또 은근히 예뻐 보이는 게 아닌가. 모처럼 생기가 도는 내 얼굴이 반가웠다.

오랜만에 잃었던 생기를 되찾고 상담실에 앉아 있는데 선생님이 그날따라 예쁘다고 몇 번이나 말씀하시는 거다.

"아휴, 제가 무슨…. 20대도 아니고, 이제 싱그럽지도 푸릇푸릇하지도 않은데요, 뭘. 예쁘다는 칭찬은 20대에게 어울리는 거 아닌가요."

"형경 씨, 참 예뻐요. 아마 잘 와닿지 않겠죠? 30, 40대 여성이 얼마나 멋지고 아름다운지 말이지요. 남자들은 사회적 지위와 부를 본격적으로 갖추기 시작하는 중년에 남성미가 최고조에 이른다고 생각하는데, 여자들은 외모와 분위기가 20대에 정점을 이룬다고 한정지으면서 나이 듦을 스스로 폄하하는 게 늘 안타까워요. 정말 아름다운 나이거든요. 제가 보기엔 형경 씨 나이가 정말 '한창 때'예요. 본인이 한창 때를 지나고 있다는 걸 절대 잊지 마세요. 정말 아름답습니다. 소중한 시간을 보내고 있는 거고요. 마흔을 앞두고 있다는 사실에 의기소침해하지 마시고 기쁘게 맞으셨으면 합니다."

처음에는 사람을 앞에 빤히 두고 아름답다는 외모 칭

찬을 대놓고 들었기에 민망하기 짝이 없었다. 그런데 선생님 설명이 뒤따르자 사라진 지 오래였던 자신감이 샘솟는다. 상담 선생님이 전하는 말에 진심이 담겨 있다는 확신이 들었기 때문이리라. 진심이 담긴 칭찬은 고래를 춤추게 할 뿐만 아니라 이별한 사람의 밑바닥에 깔려 있던 패배 의식을 날려버렸다.

연애가 끝나자 그동안 늙어버린 신체와 불확실한 미래, 만신창이가 되어 어쩌지 못하는 남루한 현실만 남았다고 생각했다. 화장으로 가린 못나고 가난한 마음을 선생님이 읽어버린 걸까.

영화 〈굿 윌 헌팅〉의 명장면이 떠올랐다. 상처투성이인 내면을 끌어안고 고집과 아집으로 똘똘 뭉쳐 살던 윌(맷 데이먼 역)은 숀 교수(로빈 윌리엄스 역)를 만나 조금씩 변화한다. 특히 "네 잘못이 아니다"라고 계속 반복해서 말하는 숀 교수 앞에서 윌은 무너지고 만다. 영화의 핵심이 담긴 명장면이다.

나는 상담 선생님의 아름답다는 칭찬에 허물어졌다. 못생기고 못난 마음으로 가득했던 나에게 쏟아지는 '엄지 척'에 마스카라가 번지는 줄도 모르고 한참을 울었다.

"아이구, 저런…."

선생님이 당황하면서 휴지를 가져다주었다. 대충 눈을 문지르면서 울음을 닦아내다 말고 평소 궁금했던 점을 여쭤보았다.

"선생님, 그런데 상담을 왜 받는 거예요? 물론 몇 달 동안 상담을 하면서 너무나 많은 공감과 위로를 받았고 치유를 받았어요. 전문가 입장에서 진단을 내려주시고 제가 생각지도 못했던 점을 짚어주시니 생각하는 관점과 폭이 넓어진 느낌이랄까요? 물론 제 친구들도 제가 사랑에 빠져 허우적대면 공감해주고 함께 분노해줬어요. 하지만 저는 단순한 공감이 아니라 전문가의 판단과 조언이 필요했기에 상담하기로 마음먹었던 거예요. 막상 상담을 하니 아무런 지적과 평가가 없이 한두 마디씩 툭툭 던지는 선생님 말씀에 매번 머리가 하얗게 되곤 했어요. 오만 가지 생각으로 꽉 찼던 머릿속 생각들이 서랍 속으로 쏙쏙 들어가서 정리되는 느낌이라고나 할까요. 선생님 덕분에 제가 달라질 수 있었다고 생각하면서도… 심리 상담을 왜 받는 건지, 저를 비롯해 심리 상담을 받는 사람들의 심리는 무엇인지 선생님께 한번 여쭤보고 싶어요."

선생님은 상담 차트를 덮으며 궁금증이 단번에 풀리는 대답을 하셨다. 우문현답의 정석이다.

"축구를 배우려는 한 아이를 예로 들어볼까요. 제대로

갖춰진 잔디 구장에 직접 찾아가서 잔디 상태도 보고, 코치진도 검색해보고, 함께 뛸 다른 선수들과 친분도 쌓고, 스케줄도 확인해보면서 '난 꼭 국가대표가 될 거야', '제2의 손흥민이 되겠어'라고 마음먹는 친구와 그냥 공을 하나 구해 동네 골목길에서 축구하는 친구를 비교하면 미래가 얼마만큼 달라질까요? 축구를 잘하려는 마음과 관심이 높을수록 구체적인 계획을 세워서, 자기가 축구에 들이는 시간과 노력을 제대로 따지고 조절하려고 하겠죠. 아무도 결과를 장담할 순 없지만 확률을 따진다면 전자의 아이가 제2의 손흥민에 더 가깝게 성장하지 않을까요? 대단한 축구 선수가 되지 못했다고 하더라도 마찬가지예요. 최선을 다했기에 후회도 덜하겠죠. 저는 상담실을 찾는 사람도 크게 다르지 않다고 봐요. 인생이 망가져서 상담실을 찾는 게 아니라 자기 인생을 충분히 사랑해서 여기까지 온 거라고 생각합니다. 제 역할은 크지 않아요. 많이 들어주고 진심으로 공감하고 수많은 임상사

례를 공부하며 쌓은 제 경험치를 나누는 것뿐이지요."

"네…. 그렇군요."

"그런 의미에서 아마 형경 씨는 자발적으로 상담실 문을 두드린 거고, 이미 헤어진 남자친구는 아마 형경 씨만큼 강한 동기는 없었을 거예요. 상담을 중도 포기한 이유도 둘의 관계와 인생에 품은 애착이 형경 씨만큼 강하지 않았기 때문이지 않았을까요."

"아…."

"상담실을 찾는 각양각색의 사람들을 오랜 세월 만났어요. 배우자 때문에 상처받은 사람들, 이혼으로 인한 우울증과 생활고에 시달리는 가장, 왕따당하는 10대, 반복되는 수능 실패로 강박증과 공황장애를 한꺼번에 겪는 재수생, 가장 최근에는 코로나19로 생긴 우울증인 '코로나 블루'를 겪는 사람들이 아픔을 털어놓았죠. 이 중 상담 결과가 가장 좋은 분은 누구일까요?"

"글쎄요. 객관적으로 그나마 제일 덜 고통스러운 사람

들이 아닐까요? 재수생은 대학만 가면 증상이 나아질 거고, 이혼으로 시작된 우울증도 시간이 해결해줄 거라고 생각하는데요."

고개를 젓는 선생님의 표정이 단호했다.

"아니요. 마음이 아픈 병은 상황에 따라 다양한 가면을 쓰고 나타날 뿐, 무엇이 결코 덜하거나 더하다고 볼 수는 없어요. 우위를 매길 수 없는 마음의 병이니까요. 그렇다면 상담을 한 결과 가장 빨리 일상에서 건강을 되찾는 사람은 어떤 유형일까요?"

선생님은 다시 한번 물으시더니 해답을 알려주었다.

"본인 스스로 적극적으로 상담에 임하는 사람이에요. 즉, 잘 살고 싶다고 생각하는 의지가 있는 것만으로도 저는 상담 치료의 효과가 이미 시작됐다고 봐요."

　상담을 마친 후, 언제나처럼 카페를 찾아 한참을 혼자 생각에 잠겼다. 마음이 매우 편안해지고 단전에서 긍정의 에너지가 솟구쳤다. 나를 망치고 싶지 않아서 상담실을 찾은 내가, 결국 시간만 더 끌다가 이별한 게 아니라 충분히 멋지게 살기 위해 이별을 선택한 여자로 다시 보였다.
　'괜찮아, 나는 아직도 멋져. 이깟 일 아무것도 아니야.'
　상담을 시작한 후, 처음으로 거울을 꺼내 보며 싱긋 웃었다. 거울 속에 20대일 때보다 성숙해진 아름다운 내가 웃고 있었다.

○
울지 마라, 울 필요 없다

나는 다시 일상생활로 돌아갔다. 나는 작가 지망생이었기에 집과 도서관, 커피숍을 오가며 글을 쓰고 책을 읽었다. 내 시간을 온전히 스스로를 위해 쓰는 시간 고용주의 삶이었다. 그동안 삶에서 큰 부분을 차지했던 연인은 내 인생에서 사라지고 허전한 시간들이 몰려올 때마다 나에게 더 집중하려고 노력했다.

이별의 상처는 매 끼니로 해결했다. 이별하면서 스스로 정한 '집밥을 해먹자'는 단순한 다짐을 철저하게 지켰다. 20대처럼 실연을 핑계로 친구들을 붙잡고 술이나 퍼마시면서 나를 망가뜨릴 순 없었다. 아니지. 밤새도록 나와 같이 술을 마셔주기에 직장인이거나 워킹맘인 친구들은 자기들 인생 살기도 바빴다. 가뜩이나 고정된 일이 없는 백수가 술이나 마시고 잠이나 퍼질러 자면서 시간을 보내기에는 부모님께 '태어나서 죄송한' 딸이 되고 싶지 않았다.

나는 부지런히 장을 봐서 하루 세끼 밥을 지어 먹고 갈비찜, 수육, 각종 나물 반찬을 부지런히 만들어 냉장고를 채웠다.

잘 챙겨 먹고, 읽고 싶었던 책을 실컷 읽고 주 5회 요가 수련을 빼먹지 않았다. 물론 쉬운 일은 아니었다. 전화로 친구와 괜찮은 척 수다를 떨고 난 뒤, 통화 종료 버튼을 누르면서 소리 내어 울기도 했고, 실수로 밥이 질게 되었을 때는 밥주걱으로 밥을 휘이 저으며 "어, 이 진밥은 개가 좋아하겠다"라고 소리 내어 중얼거린 뒤 화들짝 놀란 적도 많았다.

가능한 한 하루에 한 번씩 요가 수련원을 갔던 건, 70분 동안 진행되는 그 시간만큼은 남자친구 생각이 전혀 나지 않아 머릿속이 개운했기 때문이었다. 수업 시간에 요가 선생님이 거의 빼먹지 않고 말씀하시는 게 하나 있었다.

"힘을 빼야 힘을 쓸 수 있습니다."

"지나간 아사나(요가 동작)에 신경 쓰지 말고 앞으로 할 아사나에 집중하면 됩니다."

"남을 의식하지 말고 매트 위 나를 바라보세요. 자세가 바로 나오지 않을 땐 완벽한 아사나에 집착하지 말고, 호흡을 제대로 해보세요. 아사나 자체보다 더 중요한 게 바로 호흡입니다."

비단 요가에만 적용되는 얘기가 아니다 싶어 수련 내내 요가 선생님의 '아사나'라는 말을 '삶'으로 치환해보았다. 삶과 다르지 않다. 불필요한 힘을 빼고 흘러간 과거에 집착하지 않아야 앞으로 남은 인생을 잘 살아갈 수 있다. 때론 호흡을 길게 내쉬는 것만으로도 충분한 하루가 있지 않은가. 그렇게 내가 할 수 있는 모든 수단과 방법을 동원하여 나를 위로하고 또 위로했다.

나는 괜찮았지만 괜찮지 않았다. 그나마 다행인 건 불같은 연애와 구질구질했던 이별이 남긴 상처를 아주 조금씩 극복해가며 점점 괜찮아지고 있었다는 사실이다.

한번은 케이블 방송에서 주최하는 드라마 단막극 공모전을 준비하면서 남자 주인공 캐릭터를 잡으려는데 불현듯 남자가 떠올라 키보드를 치지도 못하고, 그렇다고 랩탑의 스크린을 닫지도 못한 채 갑자기 몸을 꼼짝하지 못했다. 많이 나아진 줄 알았는데 또 남자를 향한 분노가 치밀었다.

'마마보이 새끼! 우리가 안 맞아서 헤어진 건 둘째 치고, 나를 제 부모 앞에 데려다 놓고서는 내가 마치 선생님한테 혼나서 벌벌 떠는 아이처럼 눈물 콧물에 땀까지 뻘뻘 흘리며 무릎 꿇고 앉아 있는데도 태연하게 엄마 옆에 앉아 제 엄마에게 물을 떠다 준 새끼! 우리 엄마 아빠가 내가 이런 꼴을 당한 줄 알았으면 얼마나 마

음이 상했을까? 내가 바보지, 내가 바보지. 내가 멍청한 등신이지.'

갑자기 끓어오르는 분노에 목이 멨다.

그 순간 엄마한테 전화가 걸려왔다. 안 받을까 하다가, 엄마와 마지막으로 통화한 지 일주일이나 지났고, 혼자 서울에 있는 딸을 늘 걱정하는 걸 아는 터라 목소리를 가다듬었다. 차분히 전화를 받아서 평온한 나를 연기하기로 마음먹고 '응, 엄마' 하고 밝게 대답했다. 그때 수화기 너머 1, 2초 동안 잠시 말이 없더니 엄마가 특유의 부산 사투리로 '니 울었나?'라고 물었다. 그 순간 나는 꽁꽁 싸매고 있던 슬픔과 불안, 분노와 자괴감을 들킨 것만 같아서 얼굴이 화끈거렸다. 아무것도 모르는 엄마. 끝까지 몰라야 한다는 생각에 목소리를 더 가다듬었다.

"응? 내가? 내가 왜 울어? 아무 일도 없는데?"

"니…. 목소리가 이상한데? 무슨 일이고! 와 울었노?"

"안 울었어."

"울었다! 내는 안다! 무슨 일 있나?"

엄마의 추궁에 나는 무너져 내렸다. 수화기를 잡고 한참을 소리 없이 숨죽여 울다가 엄마에게 처음으로 고백했다. 아직 가족에게 한 번도 꺼낸 적 없던 이야기, 꺼내고 싶지 않았던 나의 흑역사, 부모님께는 정말 하고 싶지 않았던 이야기를 숨김없이 털어놓았다. 진지하게 누군가 만나다가 상처투성이가 된 채로 헤어졌다고. 상담 치료도 받았고 지금은 진짜 많이 괜찮아졌는데 오늘 갑자기 남자의 부모님이 내게 했던 말들이 떠올라서 울컥했을 뿐이라는 말에 엄마는 아무런 말이 없었다.

참고로 나와 엄마는 애증의 관계다. 좋은 데 가면 꼭 엄마 생각이 나지만 막상 데려가면 꼭 싸운다. 나는 엄마한테 상처받고, 엄마는 그런 내 모습에 더 큰 상처를 받았다며 서로 고개를 흔들기도 한다. 귀신같이 엄마가 내 상태를 알아차리는 바람에 울음이 터져 그간 있었던 일을 줄줄 쏟아내 버렸지만 감정이 잦아들자 금방 후회가 몰려왔다. 분명히 저 강한 경상도 억양으로 나한테 한 소리할 것이라고 확신했다. 우는 얼굴을 본 것도 아닌데 끝까지 안 울었다고 잡아뗄 걸 싶었지만 되돌릴 수 없었다.

엄마에겐 미안하지만 원래 우리 엄마는 내가 위로를 듣고 싶은 타이밍에는 늘 남과 비교하면서 내가 얼마나 생각이 짧았는지 지적하는 스타일이었다.

"너는 뭣 하러 그런 애를 사귀었어?"

"딸아, 이 바보 같은 것아! 내가 널 그리 키웠냐?"

"남들은 결혼하고 학부형도 됐을 나이에 너는 뭐 그런 그지 같은 연애를 해서 질질 짜! 울음 그쳐!"

뻔하지 뭐. 가뜩이나 기분도 안 좋은데. 엄마랑 전화로 싸우기는 더 싫었다. 엄마가 무슨 비난을 퍼부어도 말대꾸하지 말고 듣고 있자고 결심했다. 그런데 엄마 입에서 뜻밖의 말이 나온다.

"엄마가 살아보니 결혼처럼 신중해야 하는 문제도 없더라. 결혼이라는 게 해도 후회, 안 해도 후회라면 안 하는 게 맞아. 잘 헤어졌다. 나쁜 놈의 새끼. 어디 지 부모도 감당 못해서 지가 만나는 여자를 부모 앞에 세워두고서는 혼나고 있는 걸 멍청하게 지켜만 보노! 잘 헤어진 거다. 결혼까지 가기 전에 헤어진 게 얼마나 축복이고! 엄마는 옛날 사람이라서 그런지 몰라도 남녀가 둘이 마음만 맞으면 결혼해서 행복하게 잘 살 수 있다고 생각한다. 전제 조건은 결혼할 수 있는 능력이 되냐 안 되냐가 아니라 마음이 일치하느냐지. 결국 전제 조건부터 맞지 않는 상대였잖아. 너보다 자기 엄마가 우선순위인 사람, 결혼

했어도 문제였어. 하늘이 도왔다고 생각하면 된다. 딸아, 인생 길게 봐라. 잘 헤어졌다. 아무 일도 아니다. 울지 마라, 울 필요 없다. 니… 밥은 묵었나?"

"아니 아직…."

"울지 말고 밥이나 묵어라. 인생 길게 봐라. 알았재? 난 또 뭐라고. 반찬 잘 해 먹나? 집에 올 때 빈 그릇 갖고 온나. 먹고 싶은 거 있음 말하고."

평소 엄마에게 살갑게 일상을 얘기하지 않는 내가 인생에서 처음으로 겪은 폭탄 같은 경험을 털어놓았다. 그랬더니 엄마 입에서 생각지도 못한 위로가 터져 나온다. 뜻밖의 위로에 어느새 내 눈물은 쏙 들어가버렸다.

나를 낳아준 엄마가 별일 아니라고 말하니 정말 아무 일도 아니었던 것처럼 가슴속 응어리가 흩어졌다. 그 어떤 친구가 해주는 위로보다 따뜻하고 단단하게 다가왔다.

엄마의 말처럼 후회하는 결혼은 하고 싶지 않다. 절대로 후회하지 않겠노라며 장담하는 결혼도 중심이 흔들리고 내 맘대로 되지 않는 상황과 환경을 맞닥뜨리면 무너지는 경우가 많다. 즉, 적절한 시기에 정말 사랑하는 사람을 만나고 양가의 축복 속에서 결혼을 해도, 현실에 치이면 초심을 잃고 서로를 원망하며 결혼을 후회하는 지인을 심심치 않게 보았다. '너는 결혼하지 마. 혼자여서 외로운 게, 둘이어서 괴로운 것보다 훨씬 낫다'는 조언을 듣기도 했다. 하물며 시작 전부터 균열이 보이고, 파국이 예상되는 관계에 후회는 불 보듯 뻔한 일이다.

 처음으로 진심을 다하고 감정의 바닥이 어딘지 알 수 없을 정도로 인생이 곤두박질치는 연애를 경험했다. 하지만 이렇게 온 마음을 담아서 누군가를 사랑하고, 그 사랑을 이별로 마무리하고 나면 무언가 남아 나를 자라

게 한다는 걸 나는 이제야 깨닫는다.

내가 얻은 것은 바로 성숙한 어른의 사랑을 하지 못하는 남자 또는 여자를 알아보는 눈이 생겼다는 점이다. 효자와 마마보이를 구별하는 눈, 진짜 긍정과 가짜 긍정의 차이를 알아보는 능력이 생겼다.

사랑과 애정을 느끼고 취미 생활을 함께한다고 해서 성급히 운명이라고 믿어버린 나의 조급함을 반성한다. 다방면으로 천천히 남자를 지켜보면서 나와 가치관을 공유할 수 있는 사람인지 알아보지 않았던 내 행동을 자책한다. 하마터면 '설마, 바뀌겠지'라고 거짓 믿음에 스스로를 옭아매고 불행 열차를 탈 뻔했다.

○

마지막 상담 :

제가 정말 잘 살 수 있을까요?

나는 다시 오롯이 혼자가 되었다. 선생님이 오렌지 주스를 따라 주시며 "오늘이 마지막 상담일이네요" 하고 말을 건넬 때, 후련함보다 당황스러움이 밀려들었다.

"저 이제 괜찮은 건가요?"
"한 번도 괜찮지 않은 적이 없었어요."
"아…."
"그동안 힘들어하셨는데 다행히 스스로 결정을 내리셨고, 저는 그 결정에 박수를 보냅니다. 잘하셨어요."
"잘은요, 뭘…. 헤어졌는데요."
"함께하는 것도 정답이고 헤어지는 것도 정답이에요. 오답인 인생은 없지요. 마지막 상담이기에 허심탄회하게 말씀드리자면 제가 상담을 함께하면서 가장 걱정했던 부분은 어느 쪽으로든 결론을 짓지 못하고 질질 끄는 거였어요. 다행히 생각보다 빨리 직접 결론을 내리셨으니 진심으로 축복해드리고 싶어요. 이제 앞으로 잘 지내실 일만 남았어요."

글쎄다. 내가 과연 잘 살 수 있을까. 하루에도 수십 번씩 생각의 꼬리가 길어지는 이 생활을 끝낼 수 있을까. 끝나기는 할까. 처음 상담실을 찾을 때 품었던 마음, 그동안 상담실에서 나누었던 대화, 상담 기간에도 남자와 함께하는 동안 여지없이 반복됐던 최악의 말다툼까지… 모든 게 파노라마처럼 머리를 스쳐 지나갔다.

"정말 제가 잘 살 수 있을까요? 실연은 극복할 수 있어요. 시간이 약이라는 말을 믿으니까요. 굳이 이별의 상처가 아니더라도 살면서 겪는 수없이 많은 좌절과 아픈 기억들이 시간이 지나면 옅어지기도, 심지어 없어지기도 했으니까요. 이번에도 마찬가지예요. 처음보다는 정말 많이 좋아졌어요. 앞으로 더욱 괜찮아지겠죠. 다만 그와 함께한 시간이 아깝다는 생각은 떨칠 수가 없어요."

"어떤 시간이 아까우셨나요?"

"결혼 시기를 날려버린 것만 같다는 생각을 떨치기 힘들어요. 제 나이 말이에요. 벌써 30대 중후반이잖아요. 통째로 날려먹은 느낌이에요. 아무리 결혼 적령기가 따로 없다고 해도 임신과 출산 적령기를 무시할 수는 없잖아요. 너무 아깝죠. 진작에 다른 사람 만났으면 결혼도 했을 거고, 빠르면 애도 있지 않았을까요? 제 마지막 황금기를 날린 것 같다는 생각이 계속 들어요."

"저는… 형경 씨가 좋은 분 만나실 거란 걸 알아요."

으응? 갑자기? 뭐 사랑은 또 온다는 말씀은 하시려나. 그런 상투적인 얘기는 듣고 싶지 않았다. 중요한 시기에 어차피 헤어질 인연을 붙들고 시간 낭비했다는 내 마음을 공감받길 원했다. 상담 선생님이니까, 공감 능력이 유달리 뛰어나신 분이니까…. 여태까지 그 어떤 심한 말로 표현해도 다 공감해주셨으니까. 하지만 내 예상과 달리 선생님은 고개를 가로저었다.

"지금 연애가 끝났다고 해서 괜히 만났다는 생각, 만약 이 사람과 만나지 않았으면 내가 다른 인연을 만났을 거란 생각은 할 필요 없어요. 지금 이 남자와 함께 사랑하고 이별을 겪지 않았다면 앞으로 만날 그 좋은 남자도 같은 남자가 아닌 거예요."

"네? 그게 무슨 말씀이신가요."

"음…. 이 모든 걸 겪은 후에야 좋은 남자를 알아보는 눈이 생긴다고나 할까요? 제가 믿는 유일한 인생의 진리가 있어요. 바로 끝이 좋으면 다 좋다는 말이죠. 저라고 그동안 힘든 일이 왜 없었겠어요. 그런데 지금 와서 생각해보면 내가 이렇게 되려고 그때 그 힘든 일을 온몸으로

다 맞았던 것인가 생각이 들 때가 있어요. 과거에 그런 일을 겪었기에 지금의 내가 있는 거죠."

선생님은 내가 겪었던 아프고 힘든 연애를, 부드러운 말로 어루만져주었다. 연애의 종착점에 서서 불안에 떨던 나는 고개를 끄덕였다. 100퍼센트 동감하지는 못했지만 이미 끝난 연애인데, 엎어진 물인데 이제 와서 엎지르지 말 걸 후회해봤자 소용없다는 의미로 알아들었다. 내가 선생님 말을 그냥 지나가는 인사치레로 여기는 걸 알았는지 선생님이 좀 더 단호하게 말씀하셨다.

"지금 상담자님 기분 맞춰드리려고 하는 말이 아니라 진심으로 드리는 말씀이에요. 그 사람과 이렇게 만나 상처를 주고받고 헤어지는 과정을 지나는 동안 체화된 깨달음이 있을 거예요. 지금 겪은 경험이 있으니, 당연히 훗날 좋은 사람을 만날 거라는 거죠. 지금 이 사랑과 이별 없이는 미래에 만날 좋은 인연이라는 건 없어요. 그렇게 생각하면 지금 겪는 이 아픔, 손해 보고 낭비한 것만 같은 흘러간 시간의 의미를 재정립할 수 있겠죠."

"아…"

내게서 작게 탄식이 흘러나왔다.

"저는 상담사이자 다 큰 자식을 둔 부모이기도 해요. 저에게는 그동안 힘든 일이 없었을까요? 너무 많죠. 제가 아들이 하나 있는데요. '오늘날 이런 결과를 보자고 그동안 그렇게 아파했고, 이런 저런 일들을 겪었구나' 하고 깨닫는 순간이 결국에는 오더라고요. 그야말로 모골이 송연해지는 순간이었지요. 형경 씨는 분명히 좋은 남자를 만날 거예요. 딱 맞는 남자가 선물처럼 나타날 거예요. 바로 지금의 경험을 밑거름 삼아서요."

눈물이 펑펑 쏟아졌다. 처음으로 상담실을 찾았던 그때처럼 주체할 수 없는 눈물이었으나 마음가짐은 전혀 달랐다. 행복하게 살고 싶은데 생각처럼 잘되지 않아서 아팠던 마음이 일렁였다. 나도 자신 없는 내 인생을 두고 선생님이 '행복할 수 있다'고 확신을 하는데 고맙고 미안해서 하염없이 눈물을 흘렸다.

"정말 감사합니다. 그동안 감사했습니다. 덕분에 잘 살 수 있을 것 같아요. 무너져만 가던 자존감이 선생님 덕분에 많이 회복됐습니다."

상담이 끝날 때마다 악수를 청하시는 선생님께 이번엔 내가 먼저 손을 내밀었다. 우리의 마지막 인사였다.

에필로그○

내 인생은
무지갯빛으로 물들고 있다

상담을 종료한 지 벌써 반년이라는 시간이 더 지났다. 올해 초까지만 해도, 일과 사랑 모든 것이 무너졌으니 잿빛으로 얼룩진 1년을 보낼 거라고 마음을 다잡았다. 죽은 듯이 올해를 버티자고 생각했다. 그런데 웬걸. 나는 삼시 세끼 꼬박 챙겨 먹으면서, 내가 하고 싶은 일을 언젠가는 할 수 있을 거라는 희망을 품고 산다. '모든 일은 마음먹기에 달려 있다'는 옛말을 온몸으로 체감하는 중이다. 내 인생은 잿빛은커녕 매일 색다른 무지갯빛으로 물들고 있다.

부지런히 글을 써서 공모전에 내고 낙방하기 일쑤이지만 예전처럼 세상의 모든 불행이 나를 겨냥한다는 생각은 하지 않는다. 회복탄력성이 좋아졌다고나 할까. 낙방 후엔 잠시 좌절하다가 재빨리 툭툭 털고 일어선다. 상담 선생님이 나를 보며 확신에 찬 눈빛으로 '행복하실 거예요, 제가 알아요'라고 했던 말을 기억한다. 행복해지고 있다. 나도 느낀다.

그 누구도 나한테 글을 쓰라고, 진로를 바꾸라고 강요하지 않았다. 내가 좋아서 하는 일인데 이대로 드라마 작가 데뷔를 할 수 없다고 하더라도 내가 괜찮으면 된 거다. '나는 할 수 있어'라는 자기 주문형 긍정을 되풀이하는 게 아니다. 아무것도 되지 않더라도 나는 내가 또 다른 길을 찾아내서 중년을 향해 저벅저벅 걸어갈 힘이 있다는 걸 믿는다. 지금까지 비관적으로 세상을 바라본 이유는 낙방한 사실 자체보다 떨어진 나를 남이 어떻게 볼지 늘 지나치게 의식해왔기 때문이다.

'작가 아무나 되니? 전업 작가로 밥 먹고 살기가 쉬운 줄 알아? 정신 차려.'
'과장님, 요새 뭐하세요? 아…. 계속 습작만 하시는구나.'
'아직 작가 안 됐냐? 2년째 그러고 있으면 너무 늦은 거 아냐? 다른 길 알아봐야 하지 않아?'
'누구는 벌써 결혼해서 애가 둘이라더라.'

예전에는 내게 쏟아지는 염려와 걱정, 남들 사는 소소한 얘기를 들으며 스스로 상처를 만들어냈다. 그 와중에 연애와 이별이라는 감정이 일상을 파고들었으니 당연히 '내 중심'도 갈대처럼 흔들릴 수밖에.

시간이 흐른 지금 내가 받았던 상담을 다시 떠올려보니, 그 시기는 '연애'라는 거울로 내 마음속 깊이 웅크린 불안함을 면밀하게 들여다본 시간이었다. 알면서도 외면했던 불안, 인정하기에는 치졸했던 불안, 무의식 깊이 박혀 미처 알지 못한 불안을 직시할 수 있었다. 계속 묻고 답하면서 나는 내가 어떤 사람인지 전보다 더 자세히 깨달았다. 나를 알고 나니 과거의 나보다 마음이 훨씬 단단해진 걸 느낀다. 지금도 아주 조금씩 변해 가는 중이다.

자칫 미련해 보이는 내 경험이 나와 비슷한 일을 겪은 사람에게는 공감을 주고, 그 과정을 지나는 사람에게는 등불이 될 수 있을 거라고 믿어 의심치 않는다. 그리고 그 정도면 족하다. 사랑에 상처받은 사람들이 아픔은 덜 겪고, 더 빨리 딛고 일어나길 바란다.

온전히 내 삶에 집중할 수 있는 자유는 소중하다. 소중한 자유를 얻은 나는 요즘, 이대로도 충분하다. 이 글을 읽는 당신도, 그랬으면 좋겠다.

서른여덟 형경씨의 인생 재개발

1판 1쇄 발행 2020년 11월 16일

지은이 류형경
펴낸이 이도은

편　집 김리라
디자인 DESIGN Solt

펴낸곳 레몬컬처
출판등록 2013년 12월 26일 제305-2013-000038호
전자우편 lemonculture@hanmail.net

ISBN 979-11-88840-05-2 (03810)

Copyright ⓒ 2020 by LEMON CULTURE
Printed in Korea

- 이 책은 저작권법의 보호를 받는 저작물이므로 무단전재와 무단복제를 금하며, 이 책 내용의 전부 또는 일부를 사용하려면 반드시 저작권자와 레몬컬처의 서면 동의를 받아야 합니다.
- 잘못되거나 파손된 책은 구입하신 서점에서 교환해드립니다.
- 책값은 뒤표지에 있습니다.